꿈을 잃어버린
당신에게

내 마음에 집중하여 나를 사랑하는 힘!

꿈을 잃어버린 당신에게

잭캔필드, 마크 빅터 한센 지음
김재홍 옮김

슬로디미디어

contents

제1장
당신의 문제가 곧 당신의 기회다

제2장
무엇이든 가능하다고 상상하라

적은 바로
두려움이다

깜짝 놀랄 만한 성과! 이것은 인생을 살면서 모든 사람들이 바라는 것이기도 하다. 당신이 바라는 것은 더 많은 돈일 수 있다. 혹은 더 활기찬 직업일지도 모르겠다. 어쩌면 진실한 사랑일 수도 있고 더 만족스러운 성관계일 수도 있다. 아니면 영화 주인공이 되거나 기업체의 회장이 되거나 정계에 입문하는 것을 남몰래 꿈꾸는지도 모른다.

사람들은 모두 꿈을 꾸면서 더 큰 것들을 열망한다. 하지만 원하는 결과를 얻는 사람들은 그리 많지 않다. 그들의 삶에는 충분한 돈도, 사랑도, 성공이나 기쁨도 없다. 뿌듯함이나 만족감도 느껴지지 않는다. 마음 속 깊은 곳을 들여다보면 자신의 잠재력을 온전히 발휘하며 살고 있다는 생각이 없다. 자신을 실패자라고 느낀다.

왜일까?

왜 사람들은 원하는 대로 살지 못할까? 왜 원하는 것을 얻지 못할까? 왜 부유하지 못하며 우주의 풍성함을 혜택받지 못하는 걸까? 무엇이 당신의 발목을 붙잡는가?

보통 사람에게 이 같은 질문을 하면 성공할 수 없는 '훌륭한' 이유들을 확실하게 댄다.

난 너무 못생겼어.

난 너무 뚱뚱해(말랐어).

난 너무 키가 커(작아).

난 너무 늙었어(어려).

난 머리가 나빠.

난 너무 약골이야.

난 병들었어.

난 학벌이 없어.

난 배경이 없어.

난 대머리야.

난 여자일 뿐이야.

난 가정주부일 뿐이야.

난 남편이(아내가)없어.

난 전과자야.

사람들은 대개 원하는 것을 갖고 있지 못하거나 얻지 못하는 이유를 위의 지겨운 얘기들에서 찾는다. 당신도 직접 목록을 훑어보고 원하는 것을 이루지 못하는 편리한 이유를 세 가지 이상 찾을 수 있는지 보라.

이것은 그냥 변명이다.

이것들은 정말 '훌륭한' 이유들인가 아니면 그저 변명일 뿐인가?

정말 모든 것을 할 수 있다는 사실이 마음속 깊은 곳에서부터 느껴지지 않는가? 덤벼들기만 하면 되는데 말이다. 그 모든 것을 가질 수 있다는 사실이 믿기지 않는가? 두려워 말고 그것을 향해 나아가기만 하면 되는데 말이다.

변명들이 당신을 방해하는가? 아니면 그저 용기를 내지 못하는 것인가?

생각해 보라. 언제나 변명은 있게 마련이다. 하지만 용기는 당신의 가슴을 쥔 조그만 손이 '넌 두려워하고 있어!' 라고 말하는 그 안쪽에 있다.

두렵다고? 그렇다면 진짜 적은......두려움?

두려움?

'난 하나도 안 무서워.'

우리는 당신이 직접적인 물리적 폭력 이외의 것을 두려워할 수 있다는 것을 인정하지 않는다. 어떻게 두려워할 수 있단 말인가?

실패에 대한 두려움, 성공에 대한 두려움

모든 사람들은 두려움을 갖고 있다. 실패에 대한 두려움을 가지고 있는 사람들도 있고, 성공에 대한 두려움을 가지고 있는 사람들도 있다.

어떤 사람들은 무엇을 시도하여 성공하지 못하면 부끄러움을 당할 지도 모른다고 생각한다. 그리고 다른 사람까지 부끄럽게 만들 수 있다고 두려워한다.

또 어떤 사람들한테는 성공을 이어가는 것이 실패하는 것보다 훨씬 두려운 일일 수도 있다. 당신이 만일 성공하여 기업체의 회장이 된다면 많은 사람들 앞에서 연설해야 하고, 부하 직원들을 관리해야 하고, 연례보고서를 작성해야 하고, 주주에게 책임을 져야 한다. 그런 일들을 척척 해낼 수 있을까? 혹시 할 수 없다고 생각하고 두려워하지는 않는가?

대니 드비토는 키가 5피트도 안 되지만 대단히 성공한 텔레비전 스타이자 영화배우, 감독이다. 그는 두려움이 자신을 압도하게 내버려두지 않고 자신이 두려움을 압도해 버렸다.

모든 사람들은 자신의 두려움들을 정복해야 한다. 한 번에 하나씩.

당신이 유명한 영화배우가 된다면 취재진들과 평론가들을 좌지우지하며 카메라를 감당할 수 있을까? 당신이 부자가 되면 친구들의 우정을 잃지 않을까? 당신에게 부모보다 그리고 당신이 존경하는 인물들보다 더 많은 돈이 생긴다면 불문율을 깨뜨리는 결과가 될까?

이처럼 숨어 있는 두려움들이 현실 속의 장애물이 될 수 있는가? 입에 담는 변명이 아닌 이 두려움들이 사람들을 방해하고 있다고 말할 수 있는가?

그렇다! 이는 명쾌한 진실이다.

실패에 대한 두려움이든 성공에 대한 두려움이든, 그 때문에 당신이 정말로 원하는 것을 가지지 못하고, 정말로 원하는 일을 하지 못하며, 정말로 원하는 대로 살려는 용기를 내지 못하는 것이다. 당신의 마음 밖에 있는 것은 그 무엇도 당신을 방해하지 않는다. 당신을 방해하는 것은 다름아닌 당신 자신이다.

물론 거의 아무도 이를 인정하려 들지 않을 것이다. 잠재의식은 당신의 이성을 보호하기 위해 대단히 합리적으로 들리는 변명들로 두려움을 감춘다.

당신은 실제로 대머리이거나 키가 작거나 두꺼운 안경을 끼고 있을 수도 있다. 그래서 당신은 스스로에게 천생연분의 배우자를 만나지 못할 거라고, 행복한 결혼 생활을 하지 못할 거라고 말한다.

당신은 또 '그저 여자' 일 수도 있고 '그저 가정주부' 일 수도 있으며 뚱뚱하거나 키가 클 수도 있기 때문에 마음속으로 남성 위주의 회사에서는 관리자로 승진할 수 없으며 정상에도 오르지 못할 거라고 생각한다.

당신은 스페인어권 출신인데다 학벌이 없고 영어도 잘 못해서, 잠재의식은 당신에게 임금이 높은 직업을 결코 얻을 수 없다고 가르친다. 당신은 금전적으로 파산했고 돈과 재산을 몽땅 잃어서 큰 회사를 차리거나 부동산에 투자하거나 다른 사람들의 삶에 용기를 주는 말을 할 수 없다고 말한다.

맞는 말일까?

틀렸다! 당신은 부정적인 선전에 속고 있다. 당신이 그 일을 할 수 없는 것은 자신을 그렇게 설득했기 때문이다.

시도하지 않으면 아무것도 할 수 없다

두려움은 당신을 제한하고 위축시키고 궁지로 몰아간다. '두려움fear' 이라는 말은 '진짜인 것처럼 보이는 거짓 근거False Evidence Appearing Real' 의 머리 글자라 하겠다. 그것은 당신의 길을 막고, 당신을 넘어뜨리는 장애물을 만들어 내며, 당신을 자멸시키는 행동으로 이끌어 죄의식과 걱정을 낳고, 다시 당신을 완전한 마비 상태로 이끈다. 두려움 때문에 아무것도 시도하지 못하면 결코 현재의 상태를 벗어 날 수 없다. 우리는 주관한 세미나가 끝난 뒤에 한 여성이 우리에게 다가와 물었다. 그녀는 자기가 학위를 따려면 5년이 걸리고 그러면 졸업 때에는 마흔셋이 되기 때문에 다시 학교에 갈 수 없다고 불평했다. 우리는 그녀에게 묻지 않을 수 없었다.

"다시 학교에 가지 않고 학위를 따지 않으면 5년 뒤에는 몇 살이 되나요?"

의과대학에 막 입학한 서른아홉의 여성이라면 자신의 병원을 차릴 쯤에는 마흔일곱이 될 것이다. 하지만 여든한 살까지 산다고 할 때 그녀는 사회와 자신에게 크게 기여하며 34년간 열매 맺는 삶을 살 수 있다.

적은 바로 두려움이다.

두려움은 당신의 자신감을 좀먹고 자부심을 부패시키며, 오랜 시간에 걸쳐 당신이 인생의 낙오자라고 설득한다. 두려움이 당신을 지배하도록 내버려두는 한, 당신은 결코 용감하게 승리하지 못한다.

두려움과 맞서라

두려움은 정복할 수도 있고 물리칠 수도 있다. 두려움의 원천이 저 바깥 세상이 아닌 당신 안에 있다는 것을 깨닫기만 하면 된다. 프랭클린 딜라노 루즈벨트 대통령은 '노변 한담'에서 그 주제에 대해 웅변한 적이 있다.

"우리가 두려워해야 할 유일한 것은 바로 두려움 그 자체이다."

자기 계발의 고전인 『삶은 생각하는 대로 이루어진다Think and Grow Rich』의 저자로서 루즈벨트를 위해 그 구절을 지어 낸 나폴레온힐은 다음과 같이 말했다.

"두려움과 맞서라. 그러면 두려움을 사라지게 할 수 있다."

당신의 변명이 별것 아니라는 사실을 깨닫기만 하면 당신은 새로운 세계로 나아갈 수 있다. 또 외부 환경이 아닌 잠재의식 속의 두려움이 진정한 문제임을 깨달으면 자신과 삶을 통제할 수 있다. 그리고 통제만 할 수 있으면 원하는 삶을 살 수 있고 원하는 일을 할 수 있고 원하는 것을 가질 수 있다.

사람들은 모두 자신의 능력이 충분히 발휘되어 가능한 한 최고가 되기를 원한다. 풍요와 번영을 얻고 싶어한다. 달라지고자 한다. 건강과 행복을 확실하게 누릴 수 있기를 바란다. 깊고 목적이 뚜렷하고 의미 있는 인간 관계를 맺기를 원한다. 사랑, 기쁨, 축복과 만족을 원한다. 모든 것이 최고이기를 원한다.

우리는 이것이 바로 우리 자신과 당신이 바라는 것임을 알고 있다. 기적이라고 할 만한 것은 모든 사람이 이것을 얻을 수 있다는 것이다! 두려움을 극복하고 용감하게 목표를 향해 나아가라.

당신은 할 수 있다

용감한 승리는 단번에 얻을 수도 있고 시간이 지나면서 축적된 노력의 결과로 얻을 수도 있다. 우리는 당신이 가진 두려움을 뚫고 지나가기 위해 무엇이 필요한지 알 수 없다. 하지만 우리는 당신이 해내리라 확신한다.

우리는 이 책을 쓰는 목적은 당신의 생각과 믿음 속에 당신이 이루어 낼 수 있다는 환경을 조성하도록 돕는 것이다. 우리는 당신의 승

리가 17페이지에서 시작될지, 133페이지에서 시작될지, 혹은 책을
읽은 후 2주가 지난 뒤 시작될지 알 수 없다.

 하지만 우리는 당신이 할 수 있음을 안다! 지금 당장 무엇이든 할
수 있다고 믿을 것까지는 없다. 우리가 당신이 해내리라 믿는다는 사
실을 믿어라. 당신은 조물주의 법이나 다른 사람의 권리를 침해하지
않는 한 거의 모든 것을 할 수 있다.

삶은 숫돌과 같다.

숫돌이 당신을 갈아 없애 버릴지.

반짝거리게 다듬어 줄지는

당신의 결정에 달려 있다.

———

캐빗 로버트

제1장
당신의 문제가
곧 당신의 기회다

당신의 문제는 당신의 자산이다

한 청년이 뉴욕시 5번가에 살고 있는 노만 빈센트 필 박사를 찾아가 옷깃을 붙잡고 말했다. "필 박사님, 문제가 생겼습니다. 제발 저를 도와 주십시오. 저에겐 이 문제들이 너무 버거워 도저히 해결할 수가 없습니다."

필박사는 대답했다.

"이보게! 내가 장담하지. 자네가 내 옷깃을 놔주면 문제라고는 전혀 없는 사람들이 있는 곳에 자넬 데려가겠네."

"그렇게만 해 주신다면 무슨 일이든지 하겠습니다."

"하지만 일단 그곳을 보고 나면 가고 싶지 않을 수도 있네. 그곳은 여기서 두 블록 밖에 떨어져 있지 않지."

그들이 포레스트 로운 공동묘지에 이르렀을 때 필 박사가 말했다.

"보게, 저기에는 15만 명의 사람들이 있지. 난 저들이 아무런 문제도 갖고 있지 않다는 사실을 알게 되었네."

이 이야기는 필 박사가 가장 좋아하는 이야기 가운데 하나로, 문제의 참된 속성을 보여 주고 있다. 우리는 그가 들려 준 이 이야기를 결코 잊을 수 없다.

당신에게 큰 문제가 있다면 그 사실을 감사히 생각하라. 그것이야말로 당신이 살아 있으며 일정한 역할을 맡고 있음을 증명하는 것이다.(어떤 이는 사람을 판단하는 가장 좋은 방법은 그 사람이 얼마나 큰 문제를 가지고 있는가를 보는 것이라고도 했다.)

물론 대대수의 사람들은 일반적으로 '문제는 나쁘다' 는 관점을 가지고 있다. 문제가 없는 상황이 가장 이상적이라고 여긴다. 그러므로 자신에게 무슨 문제가 있으면 무언가 잘못된 것이라고 생각한다. 그 결과, 자신이 가진 많은 힘을 신세 타령에 쏟아붓고 만다. 그러고는 자신에게 이렇게 말하면서 끝을 맺는다.

"지금의 문제만 해결하면 모든 게 다 잘될 텐데!"

하지만 이 말은 비관주의자의 탄식에 불과하다.

반면에 낙천주의자는 문제를 기회로 삼는다. 심각한 문제에 부딪쳤지만 두려움을 물리치고 해결한 적이 있는 당신이라면 우리가 무엇을 말하고 있는지 금방 알아챌 것이다.

그러나 많은 사람들은 그렇게 못하다. 두려움을 헤치고 나오지 못한다. 그 결과 그들은 문제가 얼굴을 숨기고 있는 기회라는 사실을 믿지 못한다.

우리는 문제가 있는 당신을 개인적으로 만나 당신의 문제에 대해 얘기하고 싶지만, 그럴 수가 없으므로 차선책을 실행하려 한다. 믿기 힘들 정도로 심각한 문제들을 만났지만 거기에서 놀라운 결과를 이끌어낸 많은 사람들의 이야기를 당신에게 들려 주는 것이다.

자, 그럼 이제 사람들이 가장 많이 걱정하는 네 가지 영역을 살펴보자. 흔히 이 네 영역에서 제일 큰 문제들이 발견된다. 돈에 관한 문제와 신체적인 외모 문제, 그리고 다양한 실패의 문제와 건강 문제가 그것들이다.

문제는 돈으로부터 시작된다

사람들은 보통 돈 문제에 쉽게 말려들기 때문에 이것부터 시작해 보겠다. 마크가 경험한 사건은 우리가 들 수 있는 최고의 실례이다.

때는 1974년이었다. 겨우 스물여섯 살이었던 마크는 뉴욕시에 측지학測地學을 이용한 돔을 연 2백만 달러 규모로 짓고 있었다. 측지학을 이용한 돔은 건물끼리 서로 연결되어 커다란 거주 단지를 형성하는 삼각형 돔을 말한다.

이 돔은 마크의 스승인 R. 벅민스터 풀러 박사가 고안한 것으로, 2천개나 되는 그의 특허품 가운데 가장 유명한 것이었다. 당시 마크는 짓는 속도만큼이나 빠르게 돔을 팔고 있었다.

그런데 마크에게 문제가 생겼다.

1974년은 중동 석유 위기의 첫 해였다. 그런데 마크는 PVC, 그러니까 석유화학플라스틱 제품으로 돔을 만들고 있었다. 분명 그 일을 하기에는 아주 좋지 않은 시기였다. 석유수출국기구 OPEC가 결성되자 석유 제품의 가격은 천정부지로 치솟았다. 아랍인들은 "어마어마한 수표를 써서 당신네 은행들을 부도내 버릴 수도 있다!" 고 말했다.

어느 날 마크는 마치 세상의 정상에 오른 것처럼 보였지만, 다음 날 판사의 파산 선고를 들어야 하는 처지가 되었다. 재판이 시작되기 전, 한 젊은 변호사가 법원 계단에서 마크의 사건을 수임하겠다고 졸랐다.

"마크 씨, 제가 재판을 맡게 해 주십시오. 단돈 3백 달러에 파산 신청을 해 드리겠습니다."

하지만 마크는 이렇게 답변할 수 밖에 없었다.

"만일 나한테 3백 달러가 있었다면 파산하지 않았을 거요."

실제로 마크는 그 사건을 처리하기 위해 『스스로 파산하는 법』이라는 책을 도서관에서 빌려 봐야 했다. 당시는 마크의 일생에서 가장 비참한 시기였다. 1에서 10까지 표시되어 있는 저울이 있다면 마이너스 12에 해당하는 때였다. 몸은 시름시름 아파 왔고 헛구역질까지 났다. 눈에서는 늘 눈물이 솟았다. 잠깐이었지만 귀도 들리지 않았다. 세상 모든 것에게 거부당한 것 같아 끝없는 절망감에 빠져들었다.

그는 단단한 껍질 속에 깊숙이, 그것도 영원히 들어갈 수 밖에 없다고 생각했다. 그러기 위해서는 먼저 세상을 차단해야 했다. 그는 잠자리로 도피했다. 피곤하다고 자신을 세뇌시키며 오후 6시면 잠자리에 들어 다음 날 오전 6시에 일어났다.

그는 모든 사람들이 자신이 파산했음을, 철저하게 실패자가 되었음을 아는 것이 두려웠다. 그래서 그는 그 같은 현실에서 철저히 도망치려 했다.

꿈을 도둑맞은 사람들에게

문제를 자신의 것으로 인정하라

마크는 빈털터리가 되었다. 그는 이 사실이 만든 자신의 우스꽝스러운 처지가 한심하게 느껴졌다. 파산 선고가 내려진 후에 그는 뉴욕의 팬암 빌딩에 차를 주차한 적이 있었다. 그의 차를 찾아서 몰고 온 주차원이 파산 법정이 유일하게 남겨준 양복을 입고 서 있는 그를 보고 말했다.

"당신이야말로 캐딜락을 탈 사람이라 생각했는데."

마크가 슬픈 목소리로 대답했다.

"나도 그랬죠."

마크는 순식간에 위에서 아래로 곤두박질친 것이다. 이제 그는 창문이 깨져 있는 탓에 계속해서 에어콘이 작동하는 4백 달러짜리 폭스바겐을 타고 겨울의 뉴욕을 돌아다녀야 했다.

얼어붙을 듯한 겨울 날씨 속에서 마크는 말쑥한 양복에 런던 포그 트랜치 코트를 걸치고 에나멜 가죽 구두를 신은 채 기차 안의 화장실 휴지통을 비웠다. 그 대가로 시간당 2달러 14센트를 벌었다. 측지학을 이용한 돔 사업을 벌일 때 그는 세일즈맨이자 관리자, 즉 화이트칼라였다. 하지만 이제 아니다.

그는 자신에게 물었다.

'나는 누굴까?'

바닥 끝까지 내려가라

험한 세월을 보내는 동안 마크는 자신의 쓰레기 같은 차를 몰고 주유소에 갈 때마다 주유원들의 "가득 채울까요?" 라는 물음에 이렇게 답하곤 했다.

"25센트어치만 넣어 주세요. 고맙습니다."

그는 부끄러웠고 주유원들은 참을성이 있었다. 어쩌면 그들은 마크가 처한 어려움을 감지했을지도 모른다. 자존심이 구겨질 대로 구겨진 그는 밑바닥에 다다랐다. 하지만 밑바닥 삶은 그의 전환점이자 가장 큰 기회가 되었다.

그는 우리가 이 책에서 들려 주고 가르치고자 하는 원칙들을 배웠다. 그 핵심 내용 가운데 하나가 아무리 상황이 어렵더라도 절대 포기하지 말라는 것이다. 모든 문제에는 해결 방법이 존재한다. 마크에게 더 나빠질 상황이란 없었다. 밑바닥에서는 모든 것이 위를 향할 뿐이다. 이는 매우 중요한 메시지이다. 그럼에도 불구하고 사람들은 너무 자주 이 메시지를 놓친다.

사람들은 보통 파산한 이들은 경멸하거나 불쌍하게 여기는 경향이 있다. 하지만 실제로는 그 지점에서 세상이 완전히 열리는 것이다. 그들은 자신이 싫어하는 일이나 맞지 않는 사업, 자신을 함정에 빠뜨리는 재정적인 구조에 더 이상 얽매이지 않아도 된다. 세상이 갑자기 그들에게 활짝 열린다. 모든 것이 가능하다.

꿈을 도둑맞은 사람들에게

더 물러설 수 없는 데서부터 출발하라

마크가 완전히 처음부터 다시 성공을 향해 나아간 때는 파산을 겪은 후부터다. 그때부터 그는 이 책에서 말하는 원칙들을 배웠고, 줄곧 그 원칙대로 살았다. 나중에 한 친구가 그에게 말했다.

"마크, 자네는 더 물러실 곳이 없었어. 성공해야만 했지."

오늘날 마크는 사랑스러운 아내와 어여쁜 두 딸과 함께 행복하게 살고 있다. 남부 캘리포니아에는 부동산이 있고, 3개의 유력한 사업체를 소유하고 있으며, 6개가 넘는 이사회의 이사이다. 그리고 연 25만 마일을 여행하면서 사랑·희망·용기·지원·도움의 메시지를 백만이 넘는 사람들에게 전하고 있다.

마크의 이야기를 이렇듯 시시콜콜 늘어놓는 까닭은 그에 대해 떠벌리려 하는 게 아니다. 그 같은 처지였던 마크도 이렇게 성공할 수 있었다는 사실을 당신에게 보여 주기 위해서다.

마크는 궁핍한 삶에서 풍요로운 삶으로 자신의 인생을 역전시킬 수 있었다. 돈 문제에 관해서 보자면, 밑바닥이야말로 남은 인생의 출발점이었던 것이다. 그는 자신에게 문제가 생겼다고 생각했지만 그것은 사실 기회였다. 파산은 그가 겪었던 최악의 경험이자 최고의 경험이었다.

우리는 왜 마크의 파산을 최고의 경험이라고 하는가? 세월이 지나 얻게 된 지혜를 통해 볼 때, 그가 파산하지 않았다면 돔 짓는 일에서 벗어나 자신이 가장 뛰어난 능력을 발휘할 수 있는 강연과 저술 활동, 그리고 사업을 하지 않았을 것이다. 강연과 저술, 사업은 마크가 선천적으로 타고난 직업이었다. 그야말로 '목적이 있는 일'이었다.

만약 당신에게 돈에 관한 문제가 있다고 생각한다면 그 문제의 진상을 보라. 문제가 무언가를 말하려 할 수도 있다. 십 년 후에 그 문제가 실은 당신의 인생을 엄청나게 바꿔 줄 기회였음을 깨달을지도 모른다. 우리에게 당신이 부와 재정적인 자유를 얻을 수 있다고 설득할 기회를 달라. 당신이 이 사실을 납득하고 부와 자유를 성취할 수 있다고 믿는다면 부와 자유는 전적으로 당신 몫이다.

당신은 성공할 수 있을 만큼 충분히 매력적이다

돈에 관한 어려움을 겪고 있을 당시는 그 문제가 매우 힘겹게 느껴지지만, 사실 돈 문제는 당신이 만날 수 있는 가장 손쉬운 문제거나 혹은 기회이다. 말하자면 돈에 관한 어려움은 거의 언제나, 간단하고 분명한 무엇만 있으면 해결된다. 바로 더 많은 돈이다.

그런데 그보다 훨씬 다루기 어려운 종류의 문제들이 있다.

예를 들면 외모 같은 것이다. 신체적으로 매력이 있느냐 없느냐는 사람들의 가장 보편적인 관심사였다. 하지만 지금은 점점 더 많은 사람들이 자신에 관한 다른 어떤 것보다도 더 외모를 걱정하는 것 같다. 사람들은 외모가 자신의 가장 큰 문제라고 생각한다.

당신은 자신의 신체적인 매력에 대해 신경 써 본 적이 있는가? 생각만큼 근사해 보이지 않는다고 느낀 적은 없는가? 지금의 당신이 있기까지 내렸던 결정들이 자신의 외모에 대한 생각에서 비롯된 적은 없는가? 그 선택이 조금이라도 당신의 덜미를 잡은 적은 없는가?

사람들은 외모가 자신의 앞길을 막을 수 있다고 생각한다. 그것은 참으로 슬픈 일이 아닐 수 없다. 외모는 특별한 삶을 사는 것과 아무

꿈을 도둑맞은 사람들에게

런 상관이 없다.

캐나다에 사는 말콤의 실화가 바로 그 증거이다.

몇 년 전 뱅쿠버에서 마크가 강연을 하고 있을 때였다. 그는 맨 앞줄에서 지금까지 그가 본 얼굴 중에 흉터가 가장 많은 남자가 앉아 있음을 발견했다. 그의 얼굴은 온통 바느질 자국으로 가득했다. 한쪽 눈은 완전히 꿰매어져 뜰 수 없었고 입조차도 4분의 3이 메워져 있었다.

마크는 그때 포옹의 중요성에 대해 얘기하고 있었는데 휴식 시간이 되자, 말콤이 다가와 마크를 살며시 껴안았다. 말콤은 잘 알아들을 수 없는 목소리로 말했다.

"제가 말콤입니다."

마크는 말콤의 말투에서 자기를 알아봐 주기를 바라는 마음을 읽을 수 있었다. 하지만 기억이 나지 않았다. 설령 그를 본 적이 있다 하더라도 언제 어디서였는지 알 수 없었다.

말콤이 말했다.

"제가 당신에게 그 편지를 썼던 사람입니다."

그가 얘기를 시작하자 마크는 곧 기억이 되살아났다. 말콤은 약 십 년 전에 마크에게 편지를 보낸 적이 있었다. 말콤과 그의 약혼녀는 단 둘이서 브리티쉬 콜롬비아의 북부 숲속을 걷고 있었는데, 어찌하다 보니 어미 곰과 새끼 곰들 사이에 끼게 되었다. 어미 곰은 새끼들을 보호하려고 그의 약혼녀를 붙잡았다.

곰은 엄청난 크기였고 말콤은 겨우 5피트 2인치의 키였지만 용기를 내어 가까스로 약혼녀를 구해 냈다.

하지만 어미 곰은 그를 붙잡아 온몸의 뼈를 박살내 버렸다. 발톱을 말콤의 얼굴에 박아 넣고 두개골까지 찢어 올리고서야 물러섰다.

말콤이 살아난 것은 기적이었다. 그는 8년간 원상 회복 수술을 받았다. 의사들은 자신들이 할 수 있는 성형수술은 모조리 다 시도했다. 하지만 그리 큰 도움이 되지 못했고, 그는 흉한 몰골로 살아갈 수 밖에 없었다.

말콤은 자신의 모습을 세상에 보여주고 싶지 않았다. 그는 휠체어를 타고 재활센터의 10층 옥상으로 올라가 그 끝에서 몸을 던지기로 마음 먹었다.

그때, 아버지가 나타났다. 그의 아버지는 가서 아들을 만나 보라는 마음의 목소리를 듣고 달려온 것이었다.

"얘야, 기다려라!

휠체어를 탄 말콤이 뒤를 돌아보았다.

"아버지?"

"말콤, 사람은 누구나 자신의 깊숙한 곳 어딘가에 상처 입은 조직 세포를 갖고 있단다. 그것을 미소나 화장, 그리고 멋진 옷차림으로 감추고 있는 거지. 너는 상처를 바깥에 갖고 있을 뿐이다. 우리는 모두 똑같단다."

말콤은 몸을 내던질 수 없었다.

얼마 뒤, 친구 하나가 말콤에게 마크의 대중 강연 테이프를 가져다주었다. 그는 마크의 테이프를 통해 마흔두 살의 나이에 청력을 잃었으나 현재 세계에서 가장 탁월한 세일즈맨이 된 폴 제퍼스라는 인물에 대한 이야기를 들었다.

마크가 폴에게 들은 것은 "평범한 사람들에게 실패가 주어지는 이유는 그렇게 함으로써 그들을 특별한 사람으로 거듭나게 하기 위해서입니다" 라는 말이었다.

말콤은 자신에게 말했다.

"저건 내 얘기야. 난 특별해!"

그는 자신이 하고 싶은 것을 써내려 갔다. 하고 싶은 일을 꿈꾸며 그 꿈에 대해 모든 사람들에게 얘기했다. 그러고 나서 세상에 나간 말콤은 매일 자신의 외모를 사람들에게 노출시켜야 하는 보험 영업직을 얻었다. 그는 자신의 사진을 박아 놓은 명함을 사람들에게 건네면서 이렇게 말했다.

"저의 외면은 흉합니다. 하지만 당신이 나에 대해 한번 알아보겠다고 마음먹는다면 저의 내면이 아름답다는 것을 알게 될 겁니다."

1978년, 말콤은 뱅쿠버에서 최고의 보험 외판원이 되었다. 운명은 그에게 끔찍한 장난의 손길을 뻗쳤지만, 그는 그것을 황금의 기회로 바꾸었던 것이다.

말콤이 배운 것은 외모는 아무런 문제가 되지 않는다는 것이었다. 그의 덜미를 잡은 것은 외모가 아니었다. 그것은 변명에 불과했다. 세상에는 변명하는 사람이 있고 성과를 내놓는 사람이 있다. 중요한 것은 자기 자신에 대한 비전이다. 말콤이 자신을 흉하다고 보았을 때 그는 흉했다. 하지만 자신을 아름답게 바라보았을 때 그는 아름다웠다.(옛 진리를 기억하라. "아름다움은 언제나 보는 사람의 눈에 달려 있다. 보는 사람과 보여지는 사람이 같은 사람일 경우에도 마찬가지다.")

말콤은 일단 자신이 진정 어떻게 생겼는지 '보게' 되자, 상처 따위는 아무래도 상관 없다고 여기게 되었다. 다른 사람들에게 자신을 열어 보임으로써 두려움을 깨뜨리자, 그는 승승장구하며 깜짝 놀랄 성과들을 얻을 수 있었다.

당신도 마찬가지이다. 당신도 충분히 할 수 있다.

할 수 있다고 생각하든지

할 수 없다고 생각하든지

당신은 언제나 옳다.

당신은 정말 패배자인가

너무나 많은 사람들이 패배적인 태도를 가지고 있다. 아주 오랜 기간 그래 왔기 때문에 오히려 그런 태도가 정상적이고 자연스럽다고 믿는다. 당신이 성공하지 못하는 이유는 바로 그 유명한 '타고난 패배자' 이기 때문이다.

자신을 패배자라 규정하는데 어떻게 성공할 수 있겠는가? 스스로 성공 가능성을 없애 버리는 꼴이다. 이전에 '실패했던' 것은 문제가 안 된다. 문제는 당신이 그 실패들을 어떻게 바라보는가이다. 만약 당신이 낙천주의자라면 아직 성공하지 못한 것뿐이라고 말할 것이다.

자, 토마스에디슨의 예를 들어 보자.

사람들은 에디슨을 위대한 발명가라고 생각하지만, 그가 처음부터 오늘날 받고 있는 갈채와 존경을 누렸던 것은 아니다. 나폴레온 힐이 에디슨을 처음으로 인터뷰했을 때였다.

"에디슨 선생님, 전구를 발명하려고 수천 번에 걸쳐 실패했던 사실에 대해 어떻게 생각하시죠?"

"뭐라구요? 전 단 한 번도 실패한 적이 없습니다. 다만 결과가 좋지 않았던 수천 번의 학습 실험을 한 거지요. 좋은 결과를 얻기 위해 충분한 학습 실험을 거쳐야 했습니다."

사람들은 모두 수천 번의 학습 경험을 가진다. 아기들이 걸음마를 배울 때도 다른 사람들이 성공적으로 걷는 것을 보고 계속해서 시도하는 것이다. 그것을 두고 두 번, 세 번, 혹은 사십 번을 실패했다고 하지 않는다.

이 말은 무엇을 의미하는가? 그것은 대다수의 사람들이 좋은 결과를 얻을 만큼 충분히 학습했다고 할 수 없음을 뜻한다. 많은 사람들은 단지 한 번밖에 경험하지 않았으면서 긍정적인 결과가 나오지 않으면 실패했다고 여기고 포기한다. '난 어쩔 수 없어' 라는 공통된 결론을 내리는 것이다.

그것이 정당한 결론일까?

과거에 한 번, 두 번, 혹은 그 이상으로 실패했던 경험이 있기 때문에 성공할 수 없다고 말하는 것은 또 다시 실패할까 두렵다는 표현과 다를바 없다. 그리고 당신이 그 같은 두려움을 갖고 있는 한 '변명' 이라는 장애물은 늘 당신을 에워싸고 있을 것이다.

지금은 더 이상 정체되어 있을 때가 아니다. 자신과 다른 사람들의 힘을 북돋워라. 에디슨을 보라! 풀 죽어 있을 필요가 전혀 없다. 이 사실은 빌 샌즈의 실화를 통해 더욱 분명해진다.

빌 샌즈는 산 쿠엔틴 교도소의 죄수였다. 그는 감옥에서 나오자 글을 쓰기 시작해서 죄수로 지냈던 자신의 경험을 담은 『나의 그림자는 빨리 달렸다 My Shadow Ran Fast』라는 책을 펴냈으며, 마침내 대중 강연자가 되었다.

마크는 대학을 다니던 어느 날 밤 운좋게 그의 강연을 들을 수 있었다. 빌은 세상만사를 다 안다고 생각하며 미숙한 치기에 빠져 있는, 약 천오백 명의 학생들 앞에 섰다. 빌은 거기에 서서 다음과 같이 말했다.

"우리 부모님은 자기 자신을 사랑하지 않는 분들이었습니다. 아버지는 연방 법원의 판사였고 어머니는 알코올중독자여서 내가 그 분들의 관심을 끌 수 있는 유일한 방법은 상점 앞면 유리창에 벽돌을 집어던지는 것이었습니다. 그 다음엔 가게를 털기 시작했고 점점 더 심각한 범죄에 빠져들어 마침내 산 쿠엔틴 교도소까지 이르고야 말았습니다. 그곳의 죄수들은 나에게 변태적인 성행위를 강요했고 내가 반발하자 내 코뼈를 부러뜨렸습니다."

이때 빌은 천오백 명의 학생들 앞에서 코가 얼굴에 닿도록 납작하게 눌러 보였다.

"그들의 강요가 계속되고 나의 반발도 이어지자 이번엔 그들이 내 손가락을 모조리 부러뜨렸습니다."

그는 손가락을 모두 90도로 구부려 보였다. 빌은 세상만사를 다 안다고 여기는 그 학생들이 그에게 관심을 집중하도록 만들었다. 그는 지금까지 살았던 사람들 중에 '가장 실패한' 사람이라고 생각했던 자신의 얘기를 계속해 나갔다.

사람이라면 누구나 인생의 어느 시기에 그런 감정이나 생각을 갖는다. 빌도 그랬다. 빌은 자신의 실패를 너무나 자연스럽게 여겨 다른 것은 달리 생각할 수 조차 없었다. 그런데 교도소장이었던 클린턴 더피가 빌에게 관심을 가졌다. 죄수들의 이력을 모두 읽어 보던 교도소장은 빌에게서 무언가 특별한 것을 발견했다. 그는 빌에게 나폴레온 힐이 쓴 『삶은 생각한 대로 이루어진다Think and Grow Rich』라는 책을 한 권 주었고, 빌은 그 책에 담긴 원리와 아이디어들은 속속들이 읽어 냈다.

빌은 다른 죄수들을 돕는 일로 성공하겠다고 결심했다. 그는 자신의 목표를 써 놓고 목표에 대해 말하고 꿈까지 꾸었다. 평생을 감옥에서 보내던 그는 마침내 가석방이 이루어지자, 전과자가 사회에서 자리를 잡을 수 있도록 돕는 세븐 스텝 재단Seven Step Foundation을 설립했다. 그는 죄수로 지냈던 자신의 이야기를 책으로 썼고, 마크가 참석했던 남부 일리노이 대학의 강연과 같은 전국 순회강연을 통해 자신의 이야기를 사람들에게 들려주었다. 곧 그는 부자가 되었고 성공을 거두었다.

빌은 그날 밤 강연을 끝마치기까지 학생들을 잔뜩 고양시켰다가는 떨어뜨렸으며, 웃기고 울렸다. 그리하여 마침내 자신들의 삶을 변화시키겠다고 결심하도록 만들었다.(마크가 대중 강연 일을 하겠다고 결심하게 된 이유 가운데 하나가 바로 빌이었다.)

마침내 강연을 끝내면서 빌은 말했다.

"내 인생에서 가장 아름다운 여인인 내 아내를 소개합니다."

마크는 숨을 죽였다.

커튼이 열리고 그녀가 나왔다. 마크는 그 즉시 젊은이 특유의 오만함으로 그녀가 결코 아름답지 않다고 생각했다. 그러나 하나둘 여자들이 일어나기 시작하더니 모든 사람들이 그녀에게 기립 박수를 보냈다. 한결같이 그들은 빌 샌즈와 같은 위대한 인물이 하는 말이라면 믿을 수 있다고 말하는 것 같았다.

자신의 방종과 다른 이들의 멸시로 인해 세상에서 가장 실패한 사람이었던 빌 샌즈는 이제 사람의 실존에까지 감화를 줄 수 있는 강한 힘을 가진 인물이 되었다. 그는 자신을 퇴보시켰던, 실패에 대한 커다란 변명을 꿰뚫어 본 다음 그것을 한쪽으로 내던져 버렸다. 부정적인 마음가짐을 긍정적인 마음가짐으로 바꾸었다. 문제를 받아들이고 그 안에서 기회의 씨앗들을 발견해 냈던 것이다.

그의 삶의 소명은 죄수가 되는 것이 아니었다. 그의 소명은 저자, 연설가, 사업가, 그리고 상담자가 되는 것이었다. 그는 두려움을 헤치고 나왔다. 당신이라고 다를까? 당신도 그렇게 할 수 있다!

난 몸이 너무 아파

지금까지 우리가 쓴 실패를 자초하는 몇 가지 변명에 관한 글이 당신의 속마음을 건드려 어떤 반응을 일으켰기를 바란다. 혹시라도 미흡했다면 다음 실화를 읽어 보라. 분명 당신에게 무언가를 불러일으켜 줄 것이다.

이 이야기는 신체적인 고통을 겪고 있는 환자에 관한 것이다. 물론 여기서 얘기하는 환자는 실은 아프지도 않은데 자신이 아프다고 믿으면서 그저 현실에서 도망 가려는 심기증心氣症환자가 아니다. 심기증 환자는 실제처럼 보이긴 하지만 그릇된 이미지가 만들어 낸 문제에 불과하며 정말로 신체적으로 앓고 있는 사람이 마주한 문제만큼 파괴적이지는 않다.

균형 잡힌 삶을 지속하고 스스로 세운 목표에서 멀어지지 않기 위해서는 신체적인 건강을 유지해야 한다. 하지만 때때로 건강에는 이상이 생긴다. 나이와 상관없이 건강은 얼마든지 악화될 수 있다. 그럴 때 생각해 보자. 앓는 상태가 계속되거나 더 악화될 거라는 불안과 두려움 속에서 우리는 쇠약해져 가야만 하는가? 나머지 생을 포기해야만 하는가? 아니면 우리 스스로 두려움을 이기고 계속 삶의 성취와 업적을 이루어야 하는가?

우리는 테리 폭스의 이야기를 당신에게 소개함으로써 이 문제에 관한 우리의 생각을 자세히 설명하고자 한다. 테리의 이야기는 몇 년 전에 영화로 만들어져 HBO^{전국망을 가진 미국의 케이블 채널:옮긴이}를 통해 방영되었다. 하지만 어찌 된 일인지 그 영화는 테리가 실제로 이루어 낸 업적의 참 모습을 담아 내지 못 했다. 그래서 우리는 테리의 이야기를 다시 한번 정리해 보고자 한다.

테리는 캐나다의 뛰어난 육상 선수였다. 대학 시절 여러 종목에서 인정받아 프로선수가 되기만을 고대하고 있었다. 그런데 어느 날 한쪽 다리에 통증이 느껴졌다. 병원에 찾아갔더니 암이었다. 암세포가 그의 다리를 썩어 가게 했던 것이다.

"안됐지만 다리를 절단해야겠네. 자네는 스물한 살의 성인이니까 절단 수술에 동의하는 서명을 하게." 테리는 눈물을 머금고 다리 절단을 수락하는 동의서에 서명했다. 다리를 절단하고 며칠 동안 병원에 누워 있으면서 테리는 자신의 좌절에 대해 번민했다.

그는 앞길이 창창한 자신의 육상 선수 경력이 운동장에 나서기도 전에 끝나 버린 사실을 한탄할 수도 있었다. 하지만 그는 자신의 신세를 한탄하는 대신 고등학교 때의 감독님 말씀에 집중했다.

"온 마음을 다한다면 넌 무슨 일이든 할 수 있어."

테리는 캐나다 횡단 마라톤을 하기로 마음먹었다. 그의 목표는 10만 달러를 모금해 젊은이들의 암을 연구하는 연구소에 기증하는 것이었다. 다른 젊은이들이 자기가 겪었던 고통과 수고를 당하지 않게 하기 위해서였다. 그는 목표를 정해 놓고 끊임없이 생각에 골몰했다.

퇴원할 때 테리는 절단한 다리에 맞는 의족을 달았다. 절름거리고 돌아다니면서 사람들을 만날 때마다 '테리 폭스의 희망의 마라톤' 행사를 열 수 있도록 도와 달라고 부탁하기 시작했다. 부모에게도 그것이 바로 자기가 원하는 일이라고 얘기했다.

그러자 그의 아버지가 말했다.

"우리한테는 저축해 놓은 돈이 있으니 네가 대학에 다시 돌아가겠다고 하면 쓸 수 있게 해 주마. 일단 대학을 졸업하고 나서도 기부할 수 있잖니?"

테리는 부모님의 만류에도 불구하고 다음날 캐나다 암협회Canadian

Cancer Society를 찾아갔다. 테리는 마라톤을 통해 돈을 모으겠다며 자신의 의도를 밝혔다. 하지만 그 사람들은 당장 해야 할 일이 많으니 그 일은 뒤로 미룰 수밖에 없다고 대답했다.

"당장은 미뤄 둡시다. 나중에 다시 우리를 찾아 주십시오. 어쨌든 그런 생각을 해 주셔서 고맙습니다." 그러나 바로 다음날 테리는 학교에 가서 룸메이트와 상의한 후 학교를 중퇴했다. 두 사람은 뉴펀들랜드로 날아갔다. 테리는 대서양 바닷속에 목발을 던져 버린 후 뉴펀들랜드에서 크로스컨트리 달리기를 시작했다.

처음에는 그가 브리티시컬럼비아 출신 백인이었던 까닭에 언론의 주목을 받지 못 했다. 327일 후, 테리는 드디어 캐나다의 영어 사용 지역에 들어섰다.

이 무렵 까지 그는 하루에 31마일 이상을 뛰고 있었는데, 이는 보스턴 마라톤 대회보다도 먼 거리였다. 의족이 다리의 절단면에 무겁게 매달려 있어서 테리는 얼굴을 온통 찡그리며 뛰어야 했다. 차츰차츰 피가 흘러내리기 시작했으며 그는 결국 신문의 헤드라인을 장식했다!

마침내 그는 트루도 총리를 만나게 되었다. 두 사람이 악수를 나눈 후 트루도가 테리에게 정말로 하려는 일이 무엇이냐고 물었다. 테리는 애초의 목표는 10만 달러를 모금하는 것이었다고 대답했다. "하지만 총리께서 도와주신다면 목표를 100만 달러까지 확대할 수 있습니다." 총리는 그다지 그 일에 관여하고 싶은 눈치가 아니었다.

그 무렵 우리는 미국에서 테리를 보게 되었다. '리얼 피플' 같은 TV 프로그램이 스튜디오 밖으로 나가 그를 카메라에 담았다. 당신은 웨인 그레츠키 같은 하키 선수가 경기장을 가로질러 그를 데려오는 것을 본 적이 있을 것이다. 그러는 동안 특별관람석에서는 많은 모금이 이루어졌다.

테리는 계속해서 모금을 했다. 그런데 그가 온타리오에 있는 선더베이에 닿았을 때 심각한 호흡기 질환이 발생했다. 의사가 말했다.

"당장 달리기를 중단해야 합니다."

테리는 영문을 모르겠다는 듯 대체 누구한테 얘기하는 거냐고 소리를 질렀다.

"가족들은 내가 이 일을 해낼 수 없을 거라고 했지만 어찌 됐건 나는 계속 전진하기로 마음먹었습니다. 암협회가 안 된다고 했을 때도 나는 계속 전진했습니다. 지방 정부가 고속도로를 막고 있으니 달리기를 멈추라고 했을 때도 나는 전진했습니다. 10만 달러를 모금한 후 총리를 만났을 때도 그는 실제로는 나를 돕고 싶어 하지 않았지만 결국 후원자가 되었고, 1백만 달러를 모금했습니다. 나는 이 병원을 나가면 살아 있는 캐나다 사람 모두에게서 1달러씩을 모아 2억 4천 1백만 달러를 모금할 겁니다."

의사는 테리가 그 일을 성공적으로 끝내기를 진심으로 바란다고 하면서도 테리의 가슴에 암이 집중적으로 퍼져 있다고 설명했다. 그러면서 테리의 행동이 전 국민을 감동시켜 언어 장벽과 지역 이기주의를 타파했다고 알려 주었다. 테리는 국민의 영웅이 된 것이었다.

의사는 캐나다 공군 제트기가 테리를 밴쿠버에 있는 집으로 싣고 가기 위해 활주로에 대기하고 있으며, 밴쿠버에서는 테리의 부모가 그를 병원에 데려가기 위해 기다리고 있다고 일러주었다. 테리는 마지못해 이에 동의했다.

몇 년 뒤 저녁 뉴스에서 다음 장면을 본 기억이 새롭다. 사람들이 테리를 싣고 응급실로 달려가고 있는데, 이야깃거리를 애타게 찾던 젊은 기자가 들것에 매달리듯 쫓으며 물었다.

"테리 씨, 다음엔 뭘 할 겁니까?"

테리는 마지막까지 프로였다. 그는 카메라를 용기 있게 쳐다보며 물었다.

"내 달리기를 끝마쳐 주시겠습니까? 내 달리기를 끝마쳐 주시겠습니까?"

얼마 뒤에 그는 숨을 거두었다. 그리고 캐나다인들은 2억 4천 1백만 달러의 모금을 이루어 냈다. 테리 폭스의 이야기는 자신에게 문제가 있다고 생각하는 사람, 그 문제 때문에 자신은 성공할 수 없다고 믿는 사람들에게 우리가 들려줄 수 있는 가장 확실한 실례이다. 테리가 우리에게 보여 준 것은 바로 가장 처절한 상황에서조차 승리할 수 있는 기회가 존재한다는 사실이다. 어떤 사람들한테는 테리가 겪은 고통이 사람을 옴짝달싹 못하게 하는 큰 고통으로 보일 수도 있다. 하지만 테리는 그렇다고 그것이 인간이기를 포기해야 한다는 뜻은 아니라는 것을 온몸으로 보여 주었다. 테리는 "내겐 병이 있기 때문에 어쩔 수 없어. 내겐 너무 큰 문제가 있어" 라고 변명하지 않았다. 대신 그는 두려움을 뛰어넘어 진정 특별한 일을 감히 이루어 냈다.

세상은 기회로 가득 차 있다

당신의 문제가 지금까지 예로 들었던 사람들만큼 심각한 것인지는 모르겠다. 다만 우리는 이런 극적인 예들을 듦으로써, 아무리 안 좋은 상황이라 해도 용기 있게 도전하는 사람은 놀라운 결실을 맺는다는 사실을 보여 주고 싶었다.

이 예들에 나오는 사람들은 각각 인생의 밑바닥에 닿았던 사람들이다. 이들이 빠질 수 있는 최악의 나락에 떨어졌다. 하지만 이들 한 사람 한 사람은 실패와 고통에서 오는 두려움에 무릎 꿇지 않았다. 대신 맞서 승리할 수 있는 용기를 자기 내부의 어딘가에서 찾아내었다. 사실 아무런 문제도 없었다면 이들 각자는 완전히 일상의 타성에 젖어 자신과 맞지 않는 생활을 계속해 나갔을지 모른다.

그렇다고 우리가 사람들에게 문제가 생기기를 바라는 것은 아니다. 우리가 말하려는 것은, 모든 문제 안에서 당신의 인생을 바꿀 수 있는 기회의 씨앗이 들어 있다는 점이다. 문제는 당신에게 당신의 정신적인 근육과 육체적인 근육, 영적인 근육을 모두 쓸 수 있도록 만들어 준다. 만약 아무런 문제가 없다면 그 근육들은 전혀 쓰이지 않거나 혹은 그런 근육들이 있는지조차 알지 못할 것이다.

하지만 난 그들과 달라

만일 당신이 이와 똑같은 일을 겪게 된다면 혼자 해낼 수 있는가? 당신에게 문제가 있다면(분명 있을 테지만) 그 안에서 이처럼 기회를 볼 수 있는가? 당신이 가진 두려움, 의심, 우유부단함을 깨뜨리고 나아갈 수 있는가?

아마 당신은 이렇게 혼잣말을 하고 있을지도 모르겠다.

"당신들은 '슈퍼맨'이라고 불릴 법한 사람들 이야기를 써 놨군. 하지만 난 그들과 달라. 난 대단한 용기라곤 없는 평범한 사람일 뿐이야. 내게는 코앞에 닥친 문제를 초월하거나 커다란 성공을 이루어 낼 수 있는 추진력과 정신력이 없다구."

삼가 이것은 최후의 변명임을 밝힌다. 다른 사람들이 해낸 일을 당신은 할 수 없다고 말하는 존재는 다름 아닌 마음 깊숙이에서 당신을 대신해 말하고 있는 두려움이다.

당신이 진정으로 두려워하는 것은 무엇인지 스스로에게 물어 보라. 당신이 실패하는 유일한 길은 노력을 포기하는 것임을 기억하라. 그러니까 당신이 잃을 것은 시도할 때의 두려움뿐이다. 그다음엔 모든 것을 얻게 된다. 자, 어떤가? 덤벼 보지 않겠는가?

어찌됐든 덤벼 보라구!

몇 년 전에 친구인 잭 월프 박사가 우리에게 가르쳐 준 방법이다.

어떤 일을 벌이기가 두렵거나 이 일은 반드시 해야만 한다고 스스로를 납득시키는 중이라면, 눈을 감고 그레고리오 성가나 염불을 욀 때처럼 큰소리로 다음과 같이 되풀이해서 말하라. "이런, 알게 뭐야? 어찌 됐든 덤벼 보라구!"

되풀이하고 되풀이해서 말한 뒤에 적절한 행동을 취해 올바른 결과를 얻어 내라. 떨리면 떨면서 떨면서라도 시작하라. 하지만 반드시 시작해야만 한다.

제2장
무엇이든
가능하다고 상상하라

당신의 마음이 이끌어 준다

사람은 누구나 풍요로움을 갖고 태어난다. 당신을 포함한 세상 사람들 모두는 믿을 수 없을 만큼 놀라운 '마음' 이란 것을 지니고 있기 때문이다. 사람에게는 정확하게 작동하는 180억 개의 뇌세포가 있다. 그 뇌세포들은 자신들이 움직여야 할 어떤 방향이 주어지기만을 기다리고 있다. 따라서 마음을 사용하려면 그저 자신이 이르고 싶은 곳이 어디인지, 성취하고 싶은 것이 무엇인지 말만 하면 된다. 자신이 원하는 것을 정말로 알고 있다면 마음이 당신을 원하는 곳으로 데려갈 수 있다. 마음의 힘이 실현되는지 확인하려면 먼저 자신에게 다음과 같은 질문을 던져라.

'5년 전에 내가 정말로 소원했던 것이 무엇이었지?'

당신이 5년 전에 원하던 것을 투명하게 알고 있다면 지금쯤은 그것을 얻은 상태일 것이다. 어떻게? 당신의 마음이 당신을 이끌었다. 그러니까 당신이 무엇을 원하는지 정확히 알고만 있다면 당신은 얼마든지 얻을 수 있다. 자신에게 물어 보라.

'내가 정말로 원하는 것은 뭘까?'

정확하게 대답할 수 있는가? 대답하지 못하면 얻을 수도 없다. 자신이 원하는 것도 정확히 모르는데 어떻게 그것을 얻을 수 있겠는가?

대부분의 사람들은 자신의 바람에 대해 그리 분명하게 알지 못한다. 바로 그것이 문제이다. 우리가 좋아하는 만화 주인공 가운데 잡지 《MAD》에 나오는 알프레드 E. 뉴만은 이렇게 말한다. "사람들은 대개 자신들이 뭘 원하는지 몰라. 하지만 원하는 바를 얻지 못했다는 사실은 분명히 알고 있지."

이 말은 어느 농부와 비행기 조종사의 이야기를 떠오르게 한다.

때는 1920년대 초다. 당시에는 순회 곡예비행이 대유행이었다. 미드 웨스트에 장이 섰는데, 한 조종사가 비행기를 몰고 날아들었다. 세계대전에 참전하여 비행술을 배우게 된 그는 비행기 태워 주는 일로 겨우 먹고사는 중이었다. 한 번 비행기를 타는 데에는 1달러였다.

한 농부가 그에게 다가와 말했다.

"비행기는 타고 싶은데 돈은 내고 싶지 않소. 흥정이 안 되겠소?"

조종사는 잠시 생각하더니 이런 제안을 했다.

"당신이 한 마디도 하지 않으면 비행기를 공짜로 태워 주지. 비명도 질러서는 안 돼요. 찍 소리 한 번 없으면 공짜요. 하지만 한 번이라도 입 밖으로 소리가 새어 나오면 10달러요. 어떻소?" 농부는 잠시 생각하는 듯하더니 말했다.

"좋아요. 난 입에 지퍼가 달렸으니깐. 마누라도 타고 싶어 하는데 똑같이 흥정할 수 있소?"

"물론이요. 하지만 그녀 역시 한 마디라도 하면 똑같이 10달러요."

"우린 둘 다 입에 지퍼가 달렸다니깐."

그리하여 그들 세 사람은 하늘로 날아올랐다.

지상에서 20피트 상공에 이르자 조종사는 비행기를 거꾸로 뒤집고 속도를 올렸다. 그러고는 비행기를 오른 편으로 빙글빙글 거꾸로 뒤집고 속도를 올렸다. 그러고는 비행기를 오른 편으로 빙글빙글 돌리고 바로 세웠다가 다시 왼편으로 빙글빙글 돌리는가 하면 하늘에서 이중 8자를 그렸다. 이 무렵 비행기는 최고 속력을 낸 상태였다. 조종사는 기수를 바짝 세워 수천 피트를 오르고 또 올랐다. 그 뒤에 엔진을 멈췄다. 그러자, 비행기가 갑작스럽게 아래로 추락하기 시작했다. 지상에서 약 25피트 지점에 이르렀을 때에서야 비로소 조종사는 비행기를 붙들어 완벽하게 삼각 착지를 했다.

조종사는 농부를 돌아보며 말했다.

"놀랍소. 아무 소리도 내지 않다니. 믿을 수가 없어. 정말 한 번도 소리 지르고 싶었던 때가 없었소?" 농부는 잠시 생각하더니 고개를 끄덕이며 말했다.

"있었소. 마누라가 밖으로 떨어졌을 때."

농부는 자신이 무엇을 원하는지 잘 알고 있었다. 원하는 바가 너무도 분명했던 것이다.

우리는 지금 비상시에는 너나없이 입을 다물고 있어야 한다는 사실을 말하려는 게 아니다. 이 우스개 이야기에서 알 수 있듯 당신이 진정 원한다면 당신의 마음이 그것을 얻게 해 준다.

마음의 힘을 일상화 하라

인간의 마음속에는 의식과 잠재의식이 있다. 사람들은 종종 의식이 결정을 내리는 반면 잠재의식이 그에 대한 모든 지원을 한다는 사실을 깨닫지 못한다. 의식은 '무엇을 할 것인가'를 결정하고 잠재의식은 '어떻게 할 것인가'를 생각해 낸다.

> 위대한 생각은 위대한 결과를 낳고
> 평범한 생각은 평범한 결과를 낳는다.

인간에게는 마음이라는 놀라운 자원이 있다. 그런데도 학교에서는 아이들에게 두뇌의 사용법, 즉 기억하고 계산하는 법을 가르쳐 줄 뿐, 마음은 좀처럼 다루지 않는다. 마음은 가고 싶은 곳 어디라도 생각해 내고 갈 수 있다. 마음은 당신이 어디에 있는지 알고 당신을 원하는 곳으로 데려다줄 수 있다.

우리는 조만간에 수많은 청중들 앞에서 강연할 수 있기를 바랐고, 우리가 나누고자 하는 생각들에 관심 있는 사람들을 위해(당신과 같은!) 베스트셀러를 쓰고 싶었다. 우리는 우리 의식 속에 있는 이 목표에 자신을 바쳤고, 나머지는 잠재의식이 모두 처리해 주었다. 당신은 지금 그 결과물을 읽고 있는 것이다.

우리가 말했듯이 당신은 기대하는 것을 얻을 수 있다. 당신이 유일하게 물어 보아야 할 질문은 '나는 무엇을 원하는가?'와 '나 자신에게서 무엇을 기대하는가?'이다.

적극적으로 마음을 사용하라

마음을 사용하는 일이 매우 흥미진진한 이유는 두려움이 만들어 내는 모든 변명들을 제거할 수 있기 때문이다. 창조적이고 적극적으로 마음을 사용하면 당신이 이전에 무슨 일을 했고 무슨 말을 했으며 어디에 갔었는지는 문제가 되지 않는다. 단, 한 가지 중요한 점은 의식 속에 당신이 원하는 바를 입력시킴으로써 얼마만큼 마음을 끌어들일 수 있는 가이다.

얼마나 높은 위치에 오르고 싶은가?

어디에 있고 싶은가?

무엇을 갖고 싶은가?

누구를 만나고 싶은가?

미국인들은 러시아인들이 스푸트니크 호를 발사한 이후 우주 개발 노력을 두려워했다. 하지만 존 F. 케네디는 10년 안에 인간의 달 착륙을 성공시키겠다고 공포함으로써 의식의 방향을 결정했다. 그리고 미국인들은 그 일을 8년 2개월 만에 해냈다.

그들이 그렇게 할 수 있었던 까닭은 알프레드 로드 화이트헤드의 말처럼 "위대한 사람의 꿈은 결코 그대로 성취되지 않으며 늘 그 꿈을 뛰어넘는 성과를 가져오기" 때문이다. 또 누구나 크라이슬러사가 파산할 것이라 생각했지만 리 아이아코카는 단언했다.

"크라이슬러는 최대, 최고의 기업이 될 것이다."

그는 미국의 영웅이 되었다. 그는 미국 자동차 총 판매량의 7퍼센트를 차지하는 크라이슬러의 벤 자동차를 만들어 냈다. 아이아코카는 큰 꿈을 가지고 그 꿈에 생명력을 불어넣어 마침내 실현했다. 당신은 자신이 원하는 것을 향하도록 의식의 방향만 잡아 주면 무엇이든 얻을 수 있다. 당신의 잠재의식이 거기에 도달할 수 있는 방법을 찾아낼 것이다.

투명한 목표를 가져라

당신 자신에게 물어보라.
'내가 정말로 원하는 것은 무엇인가?'
때때로 큰소리를 물으라. '난 이것을 원해' 하고 대답하는 당신 내부의 목소리를 들을 수 있을 것이다. 그와 동시에 당신은 의식을 끌어들인 셈이 된다. 당신이 원하는 결과를 향해 공을 굴리기 시작한 것이고 목표를 세운 것이다.

1. 나는 무엇을 원하는가?
2. 원하는 것을 얻기 위해서는 무엇을 해야 하는가?

당신이 2번을 실행하면 곧 1번을 얻을 것이다.

목표를 적어라

목표는 자석과 같다. 목표는 사람을 끌어당긴다. 목표는 수행해야 할 책임이다. 목표는 잠재의식을 움직이게 만든다. 그러나 분명한 자극이 없으면 안 된다. 즉, 잠재의식이 더 이상 두려움과 변명이 자신을 옥죄지 않는다는 사실을 깨달았다 하더라도 또 하나의 속임수가 남아 있다. 바로 목표를 잊는 것이다.

오늘 당신이 사장이 되겠다고 결심하더라도 바쁘게 하루하루를 살아가다 보면 어느 틈에 목표는 점점 희미해진다. 그러면 잠재의식은 또다시 마음대로 흘러간다.

그러므로 목표를 세우자마자 적어라. 그것은 당신이 목표를 향해 구체적이고도 영구적으로 행동해 나가겠다는 확증이 된다. 구체적인 일보 전진이다. 이로써 당신의 의식은 당신이 진정 목표를 이루고자 한다는 사실을 완벽하게 깨닫는다.

생각을 투명하게 정리해서 종이 위에 써넣을 때 비로소 그것에 대해 생각하게 된다는 것을 알아야 한다. 목표를 적으면 당신의 온 마음은 목표를 따르게 된다. 한번 생각해보거나 되뇌어 보고 마는 목표는 지나치거나 빠뜨리기 쉽다. 하지만 흰 종이 위에 검정색으로 목표가 씌어 있으면 지나치거나 빠뜨리기가 훨씬 어렵다.

지나칠 정도로 많이 적어라

실제로 많은 사람들이 목표를 적어야 한다고 말한다. 그러나 거기에 그쳐서는 안 된다. 우리가 하고 싶은 말은 지나칠 정도로 많은 목표를 적으라는 것이다. 한두 가지만 쓰고 그만두지 말라. 수십 가지, 아니 적어도 101가지는 적어라. 우리 역시 '미래 일기'를 쓰고 있다.

거기에는 수백 쪽에 달하는 목표가 적혀 있다.

우리가 지나칠 정도로 많이 목표를 적으라는 이유는 다음과 같다.

첫째, 각각의 목표들은 숙성 기간이 다르다. 달걀이 부화되기까지는 21일이 걸리고 사람은 태어나기까지 9개월이 걸리며 코끼리는 2년이 걸린다. 목표도 마찬가지다. 어떤 것은 빨리 성취되고 어떤 것은 몇 년이 걸리기도 한다.

1974년 마크가 자신의 목표들을 적기 시작했을 때, 그는 자신이 맡는 TV 프로그램이 있었으면 좋겠다고 썼다. 파산한 지 얼마 안 되는 사람의 욕심 치고는 무모한 것이라 생각할지도 모르겠다. 프로그램이 방송에 나가는 것은 고사하고 30분짜리 프로그램을 만드는 데에만 적어도 1만 달러가 드니 말이다. 하지만 목표를 적는 일의 좋은 점은 무엇이든 원하는 것을 쓸 수 있다는 것이다.

9년은 좋이 지난 후 마크는 HBO의 간부에게서 그의 첫 TV 프로그램 일과 관련된 전화 한 통을 받았다. 마크는 이렇게 말했다.

"당신의 전화를 기다리고 있었습니다."

그 간부는 웃으면서 말했다.

"내가 전화하리라는 걸 어떻게 알았소?"

"9년 전에 미리 써 놓았으니까요."

그 목표는 알을 깨고 밖으로 나오는 데 오랜 시간이 걸렸다. 그러나 어떤 목표는 며칠밖에 걸리지 않는다. 늘 결실을 맺을 수 있도록 당신은 여러 가지 목표를 갖고 있어야 한다.

달리 표현하자면 우주 만물은 모두 자체의 관점을 지닌다는 것이다. 따라서 우주는 언제든 원하는 때에 원하는 바를 이루고야 만다. 영화감독 리처드 아텐보로가 영화 〈간디〉의 아이디어를 떠올리고 그것을 적어 놓은 때는 실제로 영화가 제작되기 만 20년 전이었다. 그는 목표를 세우자마자 곧 그 목표를 이룰 마음가짐이 되어 있었지만 세상은 그렇지 않았다.

20년이 지나서야 사람들은 인도의 위대한 지도자에 관한 영화를 받아들일 준비가 되었다. 마침내 때가 되자 모든 일이 착착 맞아떨어졌다. 간디 역을 맡아 벤 킹슬리도 준비되어 있었다.(아탠보로가 그 영화를 만들겠다고 마음먹었을 때 그는 그저 한 젊은이에 지나지 않았다!)

자금 지원 및 홍보, 배급 조건이 만족스럽게 준비되었고, 그리하여 영화가 탄생했다. 목표가 많으면 그만큼 세상이 당신의 눈을 따라올 수 있는 시간을 벌 수 있다.

둘째, 한 가지 목표만 가지고 있으면 목표를 완수했을 때 이전에 목표가 주었던 힘과 중요성을 단번에 잃어버린다. 크든 작든 침체 상태에 빠지게 되는 것이다.

예를 들어 새로운 직장을 원한다는 목표를 적고 나서 새 직장을 얻었다고 하자. 이제 목표는 의미가 없어진다. 그것은 마치 주문을 거는 마법과도 같아서 효력이 소진되어 버리는 것이다. 그러나 목표를 많이 적어 놓았다면 몇 가지를 성취했다 하더라도 남은 목표들 때문에 잠재의식이 계속 움직인다.

마지막으로, 몇 가지 목표로 자신을 제한시키지 말아야 하는 또 다른 이유는 우주가 아주 풍요롭기 때문이다. 원하는 것은 뭐든지 가질 수 있고 또 그것을 위해 일할 준비가 되어 있는데, 왜 목표를 적게 가지는가? 메이 웨스트는 이 사실에 대해 다음과 같이 명쾌하게 이야기했다.

문제는 사람들이 너무 많이 원한다는 데 있지 않고
너무 적게 원한다는 데 있다.

스스로 타협하지 마라

시애틀에서 만난 어느 부인은 목표 세우기가 자신에게 어떤 결과를 가져왔는지를 마크에게 이야기해 주었다. 그녀는 비극적인 이혼을 겪은 후였는데, 누구든지 자기가 원하는 바를 적고 그것에 대해서는 스스로 타협하지 말라는 마크의 말을 들었다고 했다.

그녀는 두 명의 다른 여자들과 함께 산기슭에 있는 어느 오두막집에 가서 주말 내내 자신들이 생각하는 이상적인 남자의 자질을 적었다. 그녀는 다른 두 여자들이 쓴 것을 합친 것보다도 많은, 다섯 쪽을 적었으므로 다른 두 여자들이 그녀의 것을 베끼기까지 했다.

그녀는 마지막으로 '나는 리어 제트기가 있는 남자를 원한다!'고 덧붙였다. 다음날 그녀는 사업상 모임에 나가야 했는데 거기서 자신이 원하는 남자를 발견했다. 그녀는 마치 서로에게 레이저 광선을 쏜 것 같았다고 말했다. 며칠이 못 되어 그들은 결혼하기로 결심했다. 그리고 결혼식이 열리기 전날 밤 그녀의 약혼자가 말했다.

"당신에게 말하지 않은 게 있어."

그녀는 놀란 표정으로 그것이 무엇인지 물었다.

"우리 아버지가 은행주인데 우리 결혼식을 위해 팜 스프링스로 날아갈 수 있는 리어 제트기를 주시겠다는 거야."

미국의 유명한 작가 에머슨은 무엇을 꿈꿀 것인지 신중하게 결정하라고 했다. 꿈꾸는 것은 곧 얻을 수 있는 것이기도 하니까 말이다. 마음은 일단 목표가 생기면 앞으로 전진한다. 고상한 목표나 심지어 정신을 고양시키겠다는 목표를 세운다고 해서 비용이 더 들지는 않는다. 당신이 대단한 목표를 세우면 대단한 결과를 얻는 것뿐이다.

만약 지금 목표가 하나도 없다면 지금 당장 목표를 세워라. 탁월한 목표를 적어라. 그러면 탁월한 인간관계를 형성하고 탁월한 결과를 낳을 것이다. 다음은 초심자를 위해 가상의 목표를 적은 목록이다. 이것을 보면 우리가 무엇을 말하고 있는지 알 수 있을 것이다.

1. 생명을 구한다.
2. 암 치료법을 발견한다.
3. 올림픽에서 금메달을 딴다.
4. 친구, 가족들과 행복한 시간을 보낸다.
5. 마음을 살찌우는 TV 프로그램들을 본다.
6. 휴가를 간다
7. 스페인어와 컴퓨터 언어 그리고 중국어를 배운다.
8. 열풍선을 타고 날아간다.
9. 나를 더 매력 있게 만든다.
10. 유머 감각을 더 키운다.

자신의 목표를 떠벌리지 마라

당신이 목표를 세우는 일에 초심자라면 세상 사람들에게 당신의 목표를 말하는 것은 그다지 좋은 방법이 아니다. 그렇게 하면 다른 사람들이 그 목표에 구멍을 내 버릴 가능성이 크다.

앞에서 말했듯이 우호적이면서 전적으로 조건 없이 당신을 지원해줄 한두 사람하고만 당신의 꿈에 대해 얘기하는 것이 좋다. 당신이 점점 목표를 성취해 가고 성공과 업적의 기록을 쌓아 가면, 그때는 세상 사람들에게 얘기해도 좋다. 그때는 당신을 도와 꿈을 실현시켜 줄 사람들이 나타날지도 모른다.

자유로운 기업 활동을 통해 1984년 올림픽을 흑자 올림픽으로 만들겠다고 선언한 피터 유베로드는 몇몇 사람들을 끌어들이는 데에는 성공했지만 많은 사람들에게 엄청난 비웃음을 샀다. 하지만 실제로 1억 5천만 달러의 이익을 거둬들이자 그의 말은 갑작스럽게 신뢰를 얻었다. 마침내 그가 야구 경기 최고 책임자가 되었을 때는 모든 사람들이 그가 자신이 세운 목표를 이루어 낼 것이라 믿게 되었다. 야구 선수들의 약물 사용을 추방하겠다는 목표를 공언했을 때도 이를 못 믿겠다는 사람은 아무도 없었다. 유베로드는 이렇게 말했다.

"권위의 80퍼센트는 노력으로 얻는 것이지만, 20퍼센트는 그저 주어지는 것이다." 일단 당신이 목표를 성취해 나가고 그 결과를 사람들이 보면, 사람들은 당신을 탁월하고, 특별하고, 이상하고, 남다른 사람이라 여기기 시작한다. 하기로 마음먹은 일은 떠벌려서 멸시를 자초하지 말라. 목표를 성취한 다음, 결과로써 말하라.

성취한 목표를 지우지 마라

목표를 성취했다고 목록에다 가위 표시를 해 버리지는 마라. 우리의 경우에는 옆에다 '승리Victory!' 라고 쓰는데, 이렇게 하면 그것이 진정한 성취물임을 잠재의식이 인지한다. 가위 표시를 한다는 것은 목표가 손쉽게 취급되는 쇼핑 목록과 다를 바 없다는 의미이다.

또 열정은 넘쳐날 때도 있고 식어 버릴 때도 있으니, 열정이 식었을 때 당신이 성취한 목록을 보며 열정으로 가득했을 때의 경험을 돌이켜 볼 수 있다. 당신은 자신의 승리를 돌아보며 새롭고 더 크고 흥분되는 경험을 상상하고는 다시 힘을 얻을 것이다.

> 목표는 평생 동안 유효하다. 그것은 자발적이면서
> 강제적인 의무이다.

월트 디즈니에게는 50년 된 목표가 있었다. 1966년에 그가 죽은 후에는 마이클 아이즈너가 디즈니를 맡았고 미국의 플로리다와 일본, 프랑스에 테마 공원을 개장했다. 아이즈너는 디즈니의 모든 영역을 확장했다. 디즈니는 목표를 시각화했고 아이즈너는 써 놓은 목표 그대로 그것을 실현시켰다.

목적을 가져라

목표가 있다는 것은 멋진 일이지만 그 자체로는 무분별하고 방향이 없을 수도 있다.

나무에서 떨어지는 낙엽들은 땅 위에 흩어져 흙더미가 되지만, 나무에 붙어 있는 잎사귀들은 나무를 건강하게 자라도록 해야 한다는 목적이 있다. 즉 낙엽과 구별되는 최우선의 목적을 갖는 것이다. 목적은 목표에 의미를 부여하는 배후의 방향이다. 당신에게는 끊임없이 성취해 나가는 수백 가지의 목표가 있을 수 있지만 목적은 단 하나이므로, 그것을 위해 인생을 바쳐 일할 수 있다. 목적은 그 속성상 대개 정신적인 것이 많다.

가장 좋은 예로 예수의 목적을 들 수 있다. 예수의 목적은 요한복음 10장 10절에 씌어 있는 다음의 구절에서 보듯 아주 간단하다.

> 내가 온 것은 양으로 생명을 얻게 하고
> 더 풍성히 얻게 하려는 것이라.

우리는 위대한 인물들의 전기와 자서전을 좀 더 읽어 보았는데, 그들에게는 자명하게 드러나는 목적이 있었다.

디즈니 : 사람들을 즐겁게 만드는 것
R. 벅민스터 풀러 박사 : 지구라는 우주선 위에 살고 있는 인간의
          행복
헨리 포드 : 자동차의 대량 생산, 대량 유통, 대량 소비
앤드루 카네기 : 강철의 제조와 판매

인도주의적인 목적도 있을 수 있다. 마크는 최근에 아틀랜타주 조지아에 있는 라이프 카이로프랙틱 칼리지의 졸업식 연사로 나선 적이 있었다. 그는 졸업하는 의사들 가운데서 가장 나이가 많은 한 사람을 만났는데, 그녀의 나이는 일흔두 살이었다.

마크는 그녀와 인사를 나눈 후 물었다.

"선생님, 여기 의과 학교에 오기 전에는 무얼 하셨습니까?"

"나는 예순여섯 될 때까지 수녀였어요. 내가 있던 수녀회에서는 그 나이가 되면 반드시 은퇴해야 했지요."

그러자 그녀가 겸손하게 대답했다.

"나는 아직 죽지 않았으니까요. 내 인생의 목적은 남을 섬기는 데 있어요."

그녀는 현재 하루에 150명의 환자들을 돌보고 있다.

모든 사람은 목적이 있어야 한다. 그리고 목적을 글로 적어서 분명히 알아야 할 필요가 있다. 만일 당신에게 목적이 없다면 당신의 첫 번째 목적은 목적을 갖는 것이다. 물론 우리에게도 목적이 있다. 개인적인 완성과 자유를 희생시키지 않으면서 가능한 한 많은 사람들에게 힘과 교훈, 즐거움과 깨우침을 주는 것, 그것이 우리의 목적이다.

자신만의 목적을 찾아라

자신만의 목적을 찾으려면 우선 자기 안으로 깊이 들어가라. 그리고 가능하면 명상을 하라. 비밀스러운 마음의 한구석으로 들어가 자신에게 물으라.

'만일 내가 내 생의 목적을 알고 있다면 그것은 무엇일까?'

끊임없이 묻다 보면 결국 목적이 드러날 것이다. 그러면 손쉽게 그것을 적을 수 있다. 다음은 목적이 결과와 어떤 관계가 있는지를 보여 주는 도식이다.

목적 = 왜

목표 = 무엇을

행동 및 전략 = 어떻게

'왜'가 목적이다. 그것이 목표인 '무엇을'을 결정한다. 그리고 목표는 원하는 결과를 얻기 위한 행동 및 전략인 '어떻게'를 결정한다.

일단 목적이 생기면 당신의 인생은 더욱 큰 의미를 지닌다. 그것으로 인해 당신의 태도가 완전히 달라질 수도 있다. 당신이 따라야 할 인생의 목적이 투명하게 제시되면 알코올 중독, 약물 남용, 비만, 과다 수면 등 당신의 질병은 끝장날 것이다.

> 분명한 목적이 있으면
> 부정적일 수 있는 여지가 사라진다.

구하라, 그러면 얻을 것이다

당신이 정말 원하는 것인데도 갖지 못했다면, 당신이 구하지 않은 것이다. 주위를 돌아보라. 세상은 풍요로움으로 가득 차 있다. 어떤 것이라도 구하라. 그러면 얻을 것이다.

(이 장은 실로 타임머신이다. 그것은 당신을 무소유가 아닌 소원의 압박에서 풀어 준다. 당신은 분명한 물음을 던지고서 자신의 마음이 그 일을 이루도록 기다리기만 하면 된다.)

성공이란

원하는 것을 얻을 수 있도록

마음의 상태를

조성하는 것이다.

제3장
| 에너지를 집중하라

오직 한가지에 집중하라

『의미를 찾는 인간Man's Search for Meaning』의 저자인 빅터 프랭클 박사는 아우슈비츠에서 살아남은 몇 안 되는 인물 가운데 한 사람이었다. 그는 유태인계 독일 정신의학자로서 수만 명이 죽어 간 그곳에서 어떻게든 살아남았다. 음식이나 옷도 거의 없었고 의학적인 도움도 전혀 받을 수 없는 상황이었으므로 동료들이 화장되는 동안에도 수수방관할 수밖에 없었다. 전쟁이 끝나 그가 풀려나자 사람들은 그에게 어떻게 살아남았는지 물었다. 그는 어떻게 생존할 수 있었을까? 다른 사람에겐 없는 어떤 힘이 있었던 걸까?

빅터 프랭클 박사는 다음과 같이 대답했다.

"나는 언제나 나의 태도만큼은 내가 결정한다는 사실을 알고 있었다. 그 상황에서 나는 절망을 선택할 수도 있었고 희망을 선택할 수도 있었다. 하지만 희망을 갖기 위해서는 내가 원하는 무언가에 마음을 집중할 필요가 있었다. 나는 아내의 손에 마음을 집중했다. 그 손을 한 번 더 잡아 보고 싶었다. 아내의 눈을 한 번 더 들여다보고 싶었다. 나는 우리가 다시 한 번 더 끌어안고 가슴과 가슴을 맞댈 수 있을 거라 생각했다. 이런 생각이 나를 한순간 한순간 살아남게 만들었다."

프랭클 박사가 다른 사람들보다 더 힘이 남아돌았던 것은 아니었다. 그의 말에 의하면 그에게 하루 할당된 음식은 콩 한 쪽이 들어 있는 수프 한 그릇이 전부인 경우가 대부분이었다. 하지만 그는 자신과 주위 사람들에게 일어나는 일로 좌절하느라 쓸모없는 힘을 쓰지 않았다. 단 한 가지의 목표에만 집중했다. 그는 스스로에게 살아남아야 할 이유를 부여했고, 그 이유에 집중함으로써 정말로 살아남을 수 있었다.

그는 희망적인 태도를 가졌다. 태도가 일단 긍정적으로 바뀌자 나머지 문제는 자신의 기분에 좌우되었다. 다음과 같은 말이 자동적으로 나올 수 있었다.

"오늘 살아남으려면 넌 이런 일도 하고 저런 일도 해야 돼."

한 가지에 집중하고 있는 한 그는 생존할 수 있었다.

우주에서 가장 강력한 힘은
무언가에 집중하고 있는 마음이다.

마음을 믿어라

프랭클 박사처럼 한 방향으로 에너지를 집중하면 당신도 원하는 대로 할 수 있다. 무언가를 충분히 소원하고 그 소원을 이루는 데 계속해서 마음을 집중하면 결국엔 이루어진다.

마크의 회고를 들어 보자.

비교적 어린 나이에 이런 생각을 갖게 된 것은 아버지 때문이었다. 아버지는 1921년에 덴마크에서 미국으로 건너왔다. 당시 아버지는 열일곱 살이었고 중학교 2학년의 학력을 갖고 있었으며 대형 케이크와 특별 주문용 빵을 장식하는 숙달된 요리 장식가였다.

아버지는 얼마 지나지 않아 미국이 기회의 땅임을 깨달았다. 다른 나라와는 달리 원하는 것이 있으면 일을 해서 얻을 수 있는 곳이었다. 아버지는 열심히 일했고, 그 덕에 우리 가족은 부유하지는 않지만 가난하지도 않게 살아갈 수 있었다. 아버지는 늘 다음과 같이 말했다.

"자유롭게 사업할 수 있다는 것은 사업을 많이 할 수 있다는 것이고 그만큼 더 자유로워질 수 있다는 것을 의미한다."

아홉 살이 되어 자전거를 탈 만한 나이가 되었을 때, 나는 신문 배달 일자리를 구해 한 무더기의 신문을 들고 집집마다 돌아다녔다. 그렇게 번 돈으로 자전거 잡지를 사서 매달 닥치는 대로 그 잡지를 읽어 댔다. 유럽의 자전거 경주가 이곳에서 인기를 얻기 오래 전부터 나는 자전거의 형태와 하향식 손잡이, 그리고 두께가 얇은 타이어와 좁은 좌석이 달린 경주용 자전거에 대해 전부 알고 있었다. 나는 뛰어난 자전거 경주자가 될 수 있을 것 같았다. 단지 내게 부족한 것이 하나 있다면 경주용 자전거뿐이었다.

내 인생의 최우선 목표는 경주용 자전거를 갖는 것이었다. 온 가슴과 마음, 몸과 영혼을 다 바쳐서라도 갖고 싶었다. 머릿속에 이상적인 자전거가 그려졌다. 영국에서 만든 것으로, 지금까지도 '셰필드 강철로 만든 자전거를 타십시오!' 라는 그 회사의 구호를 기억한다.

나는 잡지에 나온 그 자전거 사진을 오려 침대 옆에 두었다. 그리고 밤마다 꿈꾸며 잠이 들었다. 어떻게 해야 한 주에 수백 마일 씩 페달을 밟고 달리는 시카고와 밀워키 간 장거리 경주에 윈디 시티 자전거 단과 함께 참가할 만큼 몸이 튼튼해질 수 있을까? 나는 그 자전거를 볼 수 있었고 느낄 수 있었다. 나는 그것을 믿었다.

하지만 내가 아버지한테 그 자전거를 사 달라고 했을 때 아버지는 내 바람을 이해하지 못 했다. 아버지는 나와 얼마간 얘기를 나눈 뒤에 말했다.

"스물한 살이 되면 사 주마."

"스물한 살이라니요!" 그때가 되면 다 늙어 버린다구요. 아버지는 이해를 못하세요. 내가 스물한 살이라면 자전거를 갖고 싶지 않을 거예요. 난 지금 당장 갖고 싶어요!"

원래 아이들은 어른들이 나중으로 미루는 것을 믿지 않는 법이다.

나는 계속해서 아버지에게 졸랐다. 마침내 아버지는 내가 열여섯 살이 될 때까지는 자전거를 사 주겠다고 양보했다. 하지만 내게 열여섯 살은 아버지가 예전부터 가장 좋아하는 말, '자유로운 사업'을 끄집어냈다. "내가 직접 자전거 살 돈을 벌면 지금 당장 자전거를 가져도 되나요?"

확신하건대 아버지는 아홉 살짜리가, 요즘으로 치자면 약 1,075 달러에 해당하는 큰 돈 175달러를 벌 수 있으리라고는 꿈도 꾸지 못했을 것이다. 아버지는 손해 볼 일이 없었으므로 그렇게 하라고 말했다. 나는 경주용 자전거가 너무 갖고 싶은 나머지 마음속으로는 이미 자전거를 가진 것이나 다름없었다.

그러니까 소원은 분명히 이루어진다고 철저히 믿는 것이 중요하다. 심지어 나는 매주 자전거를 닦고 왁스 칠 하는 모습까지 그렸다. 거의 만질 수 있을 것 같았다. 나는 마음의 힘을 끌어들였다. 모든 인간의 마음^{두뇌 복합체}은 평범한 것을 뛰어넘는 능력을 발휘한다. 이런 능력은 인간에게 열렬한 소원이 있을 때 촉발되며 정말로 무언가를 얻으려 하면 그것을 얻을 수 있는 길을 찾아낸다.

마음의 힘으로 인해 나는 《보이스 라이프 Boy's Life》 잡지에서 크리스마스카드를 위탁 판매한다는 광고를 보게 되었다. 마음은 내게 카드를 팔 수 있다고 끊임없이 믿게 만들었다.

경이적인 세일즈우먼이었던 어머니는 카리스마와 아름다움, 빛나는 미소 그리고 사람들에 대해 진실된 관심을 가지고 있었으며 능숙한 이야기꾼이기도 했다. 나는 어머니에게 내가 크리스마스카드 파는 일을 해낼 수 있을지 물었다. 어머니가 대답했다.

"그럼. 내가 어떻게 파는지 가르쳐 주마. 웃는 얼굴로 많은 사람들을 만나서 카드를 사라고 하는 게 중요하지. 하지만 가장 중요한 건 '선택할 수 있는 여지'를 남기며 말을 끝맺는 방법을 쓰는 거야. 물건을 살 것 같은 사람들에게 이렇게 물어. '크리스마스카드를 한 통 사시겠어요, 두 통 사시겠어요?'"

나는 그 일을 시작했다. 눈이 수북이 쌓인 1957년 초겨울에, 모피로 만든 커다란 벙어리장갑과 파란색 후드가 달린 파카를 입고 추위로 벌겋게 된 얼굴을 하고서 이웃들을 찾아갔다. 나는 매일 한 집 건너 한 집으로 쫓아다녔는데 아주머니가 문을 열면 장갑으로 코를 쓰윽 닦고서 카드를 몇 장 사지 않으시겠냐고 물었다.

어떻게 이렇게 귀여운 코흘리개 꼬마를 냉대할 수 있겠는가? 보통은 다음과 같이 말했다.

"얘야. 추운데 바깥에 서 있지 말고 이리 들어오렴."

나는 일단 안으로 들어가기만 하면 카드 팔기는 문제도 아님을 알고 있었다. 나는 자전거를 사려고 돈을 벌고 있다고 설명했다. 그리고 물었다.

"쇼 아주머니. 한 통을 사시겠어요, 두 통을 사시겠어요?"

나는 뛰어난 세일즈맨이었다. 하지만 중요한 건 내가 지금 무엇을 하고 있는지 정확히 이해하는 것이었다. 내가 원하는 것은 376통의 크리스마스카드를 파는 것이 아니었다. 아메리칸 그리팅 카드사의 9세 어린이 분과에서 일등 세일즈맨이 되는 것도 아니었다. 추위에 떨며 이웃들을 찾아다니는 것도 좋아하지 않았고, 그런 여러 가지 일들에 관심도 없었다. 단지 나는 자전거가 갖고 싶었고, 내가 한 일은 바로 그 일이었다.

집중은 반드시 좋은 결과를 낳는다

나는 그때 많은 것을 배웠다. 원하는 것을 얻으려면 열심히 일해야 한다는 것과 돈을 다루는 방법, 그리고 아버지가 내가 번 돈의 절반을 내 대학 진학을 위해서 저축했을 때는 저축의 중요성도 배웠다. 그러나 가장 중요한 것은 내가 정말로 무언가를 원해서 거기에 에너지를 집중하면 마음이 힘을 발휘한다는 사실이었다. 그 힘이 길을 보여주고 무엇을 해야 하는지 가르쳐 주었기 때문에 나는 내가 원하는 것을 정확하게 얻을 수 있었다.

일단 무엇을 원하는지 알기만 하면 자원^{시간, 돈, 사람}은 나타난다. 이것은 추호도 의심할 여지없는 중요한 교훈이다.

시각화의 힘을 믿어라

에너지를 집중하면 정말로 좋은 결과가 생긴다는 사실을 납득했기 바란다. 이것을 위해 우리가 사용하는 기법은 '시각화'이다. 먼저 원하는 것을 시각화한 다음, 그것을 성취하라.

아놀드 파머는 골프를 치기 전에 공이 홀에 들어가는 장면을 머릿속에 그린다고 말했다. 부동산으로 억만장자가 된 윌리엄 제켄도르프는 어느 기자에게 뉴욕 시 한가운데에 있는 웅장한 유엔 UN을 머릿속에 그리고 있다고 말했다. 그는 몇 년 못 되어 그 건물을 지었다.

아리스토텔레스 오나시스는 자신을 끊임없이 꿈꾸는 사람이라고 했다. 그는 마음속으로 자신의 첫 번째 배를 '본' 후 오래지 않아 실제로 배를 갖게 되었고, 또 자신이 유조선단을 관리하는 모습을 '보았는데' 얼마 후에 그 유조선단을 소유했다.

헬스 왕 잭 라 란은 몸무게가 가벼운 허약한 젊은이였는데, 사람들에게 건강을 팔아 부와 명성을 얻는 건장한 자신의 모습을 그렸다고 한다. 그는 걸을 때나 말할 때나 건강을 복음처럼 광고하고 다니는 TV 홍보를 40년 이상 해 왔다. 심지어는 TV 정보 광고에서 믹서를 성공적으로 판촉하기까지 했다.

성공을 시각화하여 성공에 이른 사람들의 목록은 끝이 없다. 시각화 방법이 꼭 부와 명예에만 적용되는 것은 아니지만, 당신이 그것을 원칙으로 삼아 계속 사용하면 당신도 부와 명예를 얻을 수 있을 것이다! 동기 부여의 권위자인 지그 지글러가 말한 한 남자의 이야기를 들어 보라.

지그 지글러의 세미나에 참석한 그 남자는 지그 지글러의 이야기가 모두 터무니없는 소리라고 외쳤다. 그는 대단히 육중한 남자였다. 몸무게가 450파운드 이상은 나가 보이는 것이 몸을 일으켜 거기 있는 사람들 사이를 슬쩍 빠져나갈 수만 있었어도 그 자리를 떴을 것이었다.

하지만 그도 집에 돌아가서는 자신을 마른 사람이라고 생각하기 시작했다. 몸무게는 250파운드이며 신체적으로 건강하다고 생각했다. 또 46호 양복을 입게 될 것이라고 믿었다. 그랬더니 정말 6개월 동안 몸무게가 상당히 줄어들었다.

그가 살빼기에 성공했다는 사실을 안 것은 어느 날 쇼핑센터에서였다. 뒤쪽에서 꼬마 소녀가 말했다. "엄마, 저것 좀 봐. 뚱뚱한 아저씨야!"

그는 자신도 모르게 고개를 돌렸지만 고맙게도 소녀는 다른 사람을 가리키고 있었다.

철저히 시각화하라

당신은 이 시각화 기법에 대해 지금 처음 알게 되었는가? 그렇다면 '철저히' 시각화해야 한다는 점을 잊지 말라. 칼 루이스는 기자들에게 제시 오언스의 역사적인 올림픽 기록과 똑같은 기록을 세우는 모습을 마음속에 그리고 있다고 했다. 그렇게만 된다면 상품 광고에 추천되어 부와 명예를 얻으리라 생각한 것이다.

글쎄, 그는 오언스와 같은 기록을 세움으로써 마음속에 그렸던 것을 얻기는 했다. 그러나 광고 추천 제의는 거의 받지 못했고, 그의 이름을 잊어버린 사람들도 상당수였다.

우리는 이렇게 생각한다. 칼 루이스의 문제는 그가 그저 제시 오언스와 똑같은 기록을 세우는 모습을 그렸다는 데 있다. 그는 그 기록을 깨뜨리는 모습을 그렸어야 했다. 그랬다면 그는 올림픽 최고 기록 보유자로 알려져 즉각적이고 대대적인 인정을 받았을 것이다.

시각화 기법을 가장 철저히 이용한 사람은 아마 월트 디즈니일 것이다. 디즈니는 영화를 찍기 전에 먼저 내용을 머릿속에 그렸다. 실제로 그는 영화를 시작하기 전에 그림 화판에다 완전한 이야기 구도를 그리는 기술, '스토리보드 작업' 의 개발자이기도 했다.

디즈니는 행동하기 전에 늘 결과를 미리 '보았다.' 애너하임에 디즈니랜드를 세울 때도 그곳에 건물을 짓거나 땅을 사기도 전에 완성된 모습을 먼저 '보았다' 또 플로리다의 에프콧 센터와 일본의 디즈니랜드, 프랑스의 디즈니랜드도 짓기 전에 미리 '보았다.' 그 건물들은 그가 죽은 지 몇 년이 지나서야 세워졌다. 디즈니는 시각화를 철저하게 행했다. 그는 꿈을 크게 꾼다고 해서 비용이 더 드는 것은 아니라는 점을 잘 알고 있었다. 그는 시각화의 힘을 누구보다도 분명하게 이해했다. 우리 두 사람은 많은 과제를 동시에 진행한다. 먼저 원하는 내용을 흰색의 커다란 벽에다 스토리보드 식으로 그린다. 그리고 '해야 할 일들'을 적어 놓은 노란 메모지를 그 벽에 붙여 둔다. 다음에는 '할 일들'에 우선 순위를 매겨 성공할 때마다 승리했다는 표시를 한다.

자신만의 세계를 창조하라

디즈니는 직원들에게 매일 아침 7시 30분에 버뱅크 스튜디오에 모여 다음과 같은 의식을 요구했던 것으로 유명하다. 직원들은 자신의 관자놀이에 손가락을 들이대고 말한다.

"내 상상력이 내 현실을 만들어 낸다."

그는 정말 옳았다. 지금 당신이 살고 있는 세상은 사람들의 마음이 만들어 낸 이미지들의 결합에 불과하다. 사람들이 세상을 지금처럼 보이게 만든 것이다. 당신이 비행기를 타고 날아다니고, 자동차와 집이 있고, 침대에서 잠을 자고, 냉방기가 있고, 돈을 쓰고, 아침에 출근하는 까닭은, 이것이 우주적 자연 질서 가운데 하나이기 때문이 아니다. 사람들이 그렇게 만든 것이다. 사람들은 이런 세상을 먼저 시각화했고, 이런 세상이 존재하도록 집단적으로 노력했다. 만일 사람들이 이 모든 것들의 존재를 그만 맡겠다고 하면 그 존재는 사라질 것이다. 시간과 공간은 없다. 오직 당신의 마음과 창조물만이 존재한다.(예를 들면, 이것이 바로 동물적인 힘으로 세상을 바라본 아메리카 원주민들과 미국인들의 시각이 전혀 다른 이유였다.) 이 사실은 〈

부시맨The Gods Must Be Crazy〉이라는 영화에 잘 녹아 있다.

영화는 한 비행기 조종사가 던진 콜라병이 칼라하리 사막에서 평화롭고 조화롭게 살아가는 피그미족 마을의 한가운데에 떨어져 부족의 평정과 고요를 완전히 깨는 모습을 보여 준다. 상상 속에서 그려 볼 수 있는 재미있는 이야기이다.

이 사실을 누구보다 잘 알았던 사람은 소크라테스였다. 그는 종종 아테네시 바깥에 앉아 낯선 사람들과 인사를 나누었다. 어느 날 낯선 사람 하나가 그에게 와서 물었다.

"당신이 사는 도시에서 살고 싶습니다. 거기에는 어떤 사람들이 살고 있나요?"

"당신이 떠나 온 도시 사람들은 어떻소?"

"그들은 좋은 사람들이 못 됩니다. 거짓말하고 남을 속이며 물건을 훔칩니다. 그래서 그곳을 떠나려는 겁니다."

소크라테스는 지혜를 다해 대답했다.

"여기도 똑같소. 내가 당신이라면 계속해서 지켜보겠소."

얼마 뒤 또 한 사람이 다가와 아테네 사람들에 대해 물었다. 소크라테스는 이번에도 그 사람이 사는 도시에는 어떤 사람들이 사느냐고 물었다. 그가 대답했다.

"그들은 놀라운 사람들입니다. 언제나 서로 돕고 정직하며 성실합니다. 난 그저 세상의 다른 곳을 보고 싶을 뿐입니다."

이번에도 소크라테스는 지혜를 다해 말했다.

"여기도 똑같소. 다시 그 도시로 돌아가는 게 어떻겠소? 당신은 그저 당신이 상상하는 모습을 발견하게 될 뿐이오."

당신이 어디를 가든 당신의 태도와 생각, 이미지들은 당신을 따라다닌다. 자, 그렇다면 지금부터 그 모든 면들을 향상시키지 않겠는가?

세상의 위대한 명령은 사물을 올곧게 하라는 것이 아니라,
사물을 올곧게 바라보라는 것이다.

긍정적인 시각화에 힘쓰라

시각화란 마음의 눈으로 어떤 상황을 그리는 과정을 말한다. 이것
은 미래를 창조해 내기 위해 사용할 수 있는 가장 강력한 원리 가운
데 하나이다. 질병을 없애 건강을 되찾아 주고, 뚱뚱한 사람을 날씬
한 사람으로, 패자를 승자로 바꾸어 준다. 심지어 정부가 경제를 안
정시키는 데 도움을 주기까지 한다. 이것은 에이브 빔이 뉴욕 시장
이었을 때 명백하게 드러났다. 그는 시각화 능력도 비전의 힘도 모
두 부족해 보였다.

마크가 파산하던 날, 그 도시에서는 1만 9천 명의 사람들이 일자
리에서 쫓겨났다. 빔 시장은 뉴욕시도 곧 파산할 것이라고 발표했다.
보통 그런 생각과 표현은 기업들을 내쫓는 결과를 가져오기 마련이
다. 그리고 정말 그렇게 되는 듯도 싶었다. 하지만 바로 그때, 뉴욕
시는 에드 코치를 새 시장으로 임명했다. 코치 시장은 경기가 좋아질
거라고 '보고' 그렇게 말했다. 그는 어둡고 우울한 생각 대신 모든 것
이 가능하다는 관점을 가지고 긍정적으로 생각하며 행동하기 시작했

다. 오래 지나지 않아 경기가 돌아오기 시작하더니 다시 좋아졌다.

긍정적으로 생각하고 믿고 말하고 행동하면 일거리 늘어난다. 개인적으로도 그렇고 기업이나 정부도 그렇다. 시각화의 힘을 제한하는 것은 자신의 재량밖에 없다. 사람들은 모두 어느 정도까지는 자연스럽게 시각화를 하고 있다. 대부분의 사람들에게 눈을 감고 자신의 차와 집과 냉장고를 마음속으로 그려 보라고 하면 아주 손쉽게 해낸다. 심지어 눈먼 사람들까지도 자신의 생활 경험을 보거나 느낄 수 있다고 말한다.

문제는 대다수 사람들이 시각화를 부정적으로 한다는 데 있다.

"그녀에게서 감기가 옮지 않았으면 좋겠는데."
"사고가 나면 어떡하지?"
"세상에, 저당 잡힌 걸 갚지 못하면 어떡하지?"
"내가 임신한 걸 알면 엄마 아빠가 날 죽이려 할 거야."
"그는 전화하지 않을 거야."
"나는 지각을 해서 해고당하는 것이 분명해."
"내가 먹는 건 전부 살로 가!"
"난 별로 좋은 사람이 못 돼."
"주차할 곳이 남아 있지 않아."

이런 사람들은 나쁜 결과를 예상한다. 그러니 결과가 나쁘다고 해서 놀랄 리가 있는가? 긍정적인 결과를 원한다면 긍정적으로 시각화하라.

"내 몸은 지금 건강하고 앞으로도 그럴 거야."

"난 언제나 청구서를 제때 지불해."

"그가 곧 전화할 거야."

"난 음식을 신중하게 먹기 때문에 항상 날씬해."

"난 정말 멋진 사람이야!"

"난 행복해."

"난 성공할 거야."

"난 사람들을 사랑하고 사람들도 나를 사랑해."

긍정적으로 시각화하면 긍정적인 결과가 달아나는 법이 없다.

한번에 한 가지만 생각하라

늘 특정한 목표를 시각화하는 것은 아니므로 건강, 가족, 재정, 인간관계, 재충전, 영적이고 정신적인 기만함 등 모든 생활 영역의 성장과 발전, 번영을 추구하는 시각화를 실행하는 것이 중요하다. 그러니까 하나의 습관이 되어야 한다는 것이다. 그러기 위해서 당신은 긍정적으로 생각하고 느끼고 보는 일을 연습할 필요가 있다.

많은 사람들이 시각화를 하지만 좋지 못한 마음의 습관을 따르고 있다. 걱정하는 마음이 대표적인 예다. 마음은 특정 과제나 어떤 생각에 집중되어 있지 않으면 비생산적이고 부정적인 염려 상태에 빠져들기 쉽다. 마음은 한 번에 한 가지씩만 주된 생각을 담을 수 있다. 긍정적이고 창조적인 생각을 하고, 풍부한 상상력을 동원하여 적극적으로 사고하라.

걱정 같은 나쁜 습관 대신 어떤 상황에서도 고요하고 침착하며, 태연하면서도 집중된 모습을 그려 보는 좋은 습관을 가져라.

당신은 상상력을 소유하고 있으므로 마음만 먹으면 그 상상력을 긍정적이고 올바르게 단련시킬 수 있다.

시각화의 7단계 과정

시각화 과정은 고통스럽지 않을 뿐만 아니라 오히려 즐겁다. 당신은 이 과정을 이용하여 드넓은 지평선, 즉 삶의 목적과 가능성으로 당신의 삶을 이끌 수 있다. 이러한 삶의 목적과 가능성은 당신과 동료들을 놀랍게 지원해 줄 것이다.

1단계-호흡 : 편안한 자각 단계

먼저 파헬벨의 〈캐논Canon in D〉 같은 바로크 음악이나 스티븐 홀편 박사의 〈스펙트럼 스위트Spectrum Suite〉 같은 음악을 틀어 놓아라. 뛰어난 음악은 자각을 더 깊고 풍부하게 만든다. 그리고 편안한 자세로 앉아라. 제일 좋은 자세는 책상다리를 하고 바닥에 앉아 발목을 넓적 다리 위에 올리고 손바닥을 위로 향하게 하는 인도의 연화좌蓮華坐이다.

이 자세는 일단 숙달되어 편안하게 느껴지기만 하면 마음의 순환과 집중이 최상으로 이루어지는 자세다. 하지만 너무 어려우면 의자에 앉거나 드러누워도 된다. 침대에 눕기로 했을 때는 창조적인 시각화 과정을 끝낼 때까지 잠들어서는 안 된다. 과정이 끝나면 곧바로 깊은 잠에 빠져도 좋다. 편안한 자세가 되었다면 숨을 들이쉬기 시작하라. 이것은 몸의 긴장을 완전히 풀어 주는 깊은 호흡이다. 이때는 코를 통해 숨을 들이쉬라.(숨을 아주 천천히 들이쉬면서 정신을 집중한다.) 숨을 들이쉴 때는 공기의 생명력에 주의를 기울여라. 일단 이 생명력을 인식하면 힘을 공급받을 가능성이 생긴다.

폐에 숨을 가득 채워라. 그리고 30초간 숨을 참으면서 마음속으로 '나는 편안하다'고 말하라. 그러고 나서 입으로 숨을 내쉬어라.

두 번째 숨을 들이쉴 때는 점점 더 깊이 몸속으로 들이키도록 하라. 사람들은 대개 아주 얕게 숨을 쉬는데, 정말로 폐에 가득히 숨을 채워야 한다. 이번에 숨을 참을 때는 마음속으로 확신을 가지고 '나는 사람들을 사랑하며 사람들에게서 사랑받고 있다'고 말하라. 산소를 섭취하는 일과 말로 사랑을 표현하는 일에 몰입되어 있음을 느껴야 한다.

세 번째 숨을 들이쉴 때는 자신의 존재를 이루는 원자 하나하나에 숨이 채워진다고 생각하라. 공기를 빨아들여 발가락까지 내려가게 하고 30초간 숨을 참으면서 속으로 '나는 자신감으로 충만하다'고 말한다. 그러고 나서 아주 천천히 숨을 내쉰다.

하루하루 이 연습을 계속하면 몸과 마음과 영혼이 새롭고 놀랍게 돼 살아나기 시작한다. 대부분의 사람들은 일깨워 주는 사람이 없기 때문에 잠재력을 제대로 발휘하지 못한다. 따라서 이 훈련을 하면 갑작스럽게 자신의 잠재력을 감지할 수도 있다. 이것을 완전히 경험하면 긍정적으로 말해 중독이 된다.

이제 평상시의 호흡으로 되돌아가 2단계로 나아가자.

2단계-내면의 눈을 떠 상상의 무대를 바라보라

내면의 눈은 비전과 상상력을 가진 눈이다. 인생은 모두 이 내면의 눈이 창조해 낸다. 열려 있는 내면의 눈은 다재다능하고 무제한적이며 자아실현을 위해서는 반드시 필요하다. 내면의 눈이 열려 있으면 자신이 변모되는 모든 모습을 '보거나' 시각화할 수 있다.

우선, 마음속으로 극장의 무대 위에 서 있는 당신의 모습을 그려라.(만일 당신을 '보는' 것이 힘들면 눈을 감기 전에 좋아하는 자기 사진을 한번 쳐다보는 것도 무방하다.) 마음속으로 떠올린 당신은 무대 한가운데에 서 있고, 또 다른 당신이 객석에 앉아 무대 위의 당신을 바라보고 있다. 조명이 켜지고 커튼이 올라간다. 레디 액션!

이제 당신은 원하는 것은 무엇이든 무대 위의 당신이 연기하게 만들 수 있다. 새 차가 갖고 싶다면 내면의 눈이 무대 위에 새 차를 만들어 낸다. 무대 위의 당신은 차의 그윽한 색깔에 매료되어 반질반질한 차의 표면을 손으로 훑는다. 그리고 차에 올라타 '새 차'의 냄새를 맡는다. 그러고 나서 시동을 걸고 라디오를 켜고 운전대를 만지다가 가속 페달을 밟아 사라진다. 이 무대 기법에 눈을 뜨면 영화나 비디오를 보면서 자신의 모습을 그리는 일은 졸업해도 된다. 무대 설치에 따르는 제한이 사라지는 것이다. 상상력을 이용하면 눈 덮인 산을 넘고 푸른 들판을 가로지르면서 차를 몰 수 있다. 심지어 분할 화면이나 입체 이미지를 떠올리는 수준으로까지 나아갈 수 있다.

또 변형된 기법으로 무대나 영화 속으로 걸어 들어가 당신이 보고 있는 자신과 하나가 되는 방법이 있다. 심리학자들은 이것을 '연합' 시각화라고 부르는데, '분리'된 상태로 바라보는 방법보다 훨씬 강력하다. 그러고는 반드시 소리와 느낌, 촉감과 냄새를 떠올린다. 오감을 최대한 활용해야 한다.

3단계–과거의 경험을 이용하라

일단 소원하는 미래상을 시각화할 수 있는 수준에까지 이르면 다음 단계로 나아갈 수 있다. 이 단계는 미래상을 구현하기 쉽게 과거의 경험을 불러오는 것이다.

마음은 비디오테이프를 꽂아 둔 서재와 같다. 거기에는 자신의 모든 경험들이 철저하게 이미지화되어 담겨 있다. 이 사실이 바로 제럴드 코피 대위가 베트남의 포로수용소에서 7년 동안 살아남을 수 있었던 까닭이기도 하다.

코피 대위는 자신이 자유로운 몸이 되었을 때의 모습을 되풀이해서 시각화했다. 그러기 위해 '비디오테이프에 담긴' 과거의 자유로운 몸이었을 때의 옛 이미지들을 불러왔다. 밤낮으로 실행한 결과 시각화는 완전히 결실을 맺어 마침내 자유의 몸이 될 때까지 그를 온전한 정신으로 살아남게 했다.

코피 대위는 미국과 동료 병사, 그리고 하나님과 자신에 대한 신념을 시각화했다. 자신이 풀려났을 때 그 신념을 가르치고 있을 자신의 모습을 마음속으로 그렸던 것이다. 현재 그는 대단한 연설가로 우리 군의 무기가 왜 중요한지에 대해 사람들의 이해를 돕고 있다. 마음을 이용하면 출생 후에 줄곧 녹화해 두었던 경험과 인상들을 되돌려 볼 수 있다. 그리고 이 경험들을 이용, 시각화 목표를 더욱 풍부하게 하고 공고히 할 수 있으며, 또 목표에 힘을 실을 수 있다. 이것은 그리 어렵지 않다. 특정한 목표에 집중하고 있는 동안, 겉으로는 이

질적으로 보일지라도 목표와 연관된 생각들을 계속해서 마음속에 들여놓아라. 마음은 거대한 여과기처럼 움직일 것이다. 마음은 과거의 경험들을 거슬러 올라가 미래에 유용하게 쓰일 수 있는 기억들을 사고의 표면 위로 불러 낼 것이다.

좋은 소식이 있다. 당신 마음속에 있는, 다시 틀고 싶지 않은 비디오테이프도 그 내용을 변화시킬 수 있다.

> 어린 시절이나 삶의 어느 순간을 행복한 경험으로
> 바꾸기에 너무 늦은 경우란 없다.

4단계-과거를 변화시켜라

당신은 과거에 일어났던 일을 다시 만들어 내고, 다시 쓰고, 다시 평가하고, 다시 고칠 수 있으며 또 바라는 대로 바꿀 수 있다. 예를 들면, 마크와 그의 아내는 얼마 전에 활강 스키를 탔다. 그의 아내는 활강 스키를 좋아하지만 크로스컨트리 스키는 싫어한다.

"그건 노동이나 다름없어요."

하지만 마크는 정반대였다. 그는 크로스컨트리 스키는 좋아했지만 활강 스키는 무서워했다.

"나는 나무에 처박히고 말 거야."

만일 그들이 마음속에 있는 낡은 비디오테이프를 틀어 볼 수 있었다면 이런 반응도 예상할 수 있었을 것이다. 현실을 만들어 내고 지배하는 생각의 씨앗들은 잠재의식 속에 깊이 묻혀 있다. 마크는 활강 스키를 타는 것이 무서웠지만 한번 시도해 보기로 마음먹었다. 그런데 그가 스키 리프트를 탔을 때 일이 벌어졌다. 리프트가 산꼭대기에 이르렀을 무렵, '그의 의도와는 상관없이' 오른발의 스키가 단단하게 굳어 있는 눈 속에 꽂히면서 아이다호에 자리 잡은 보거스 베이신 스키장 정상에서 제비 넘기를 한 꼴이 되어 버렸다.

리프트를 작동시키는 사람은 마크에게 일어설 수 있는 시간을 주기 위해 리프트를 세웠고, 스키를 타러 온 사람들은 전부 공중에 매달려 있어야 했다. 마크는 창피스러웠고 몸도 아팠으며 화도 났다. 결국 일어서긴 했지만 스키는 탈 수 없었다.

이쯤 되자 마크의 마음속은 모든 일이 잘못되어 갈 거라는 그림으로 채워지기 시작했다. 그래도 그는 눈을 헤치는 법은 알고 있었다. 비록 경험 많은 강사가 자신감을 끊임없이 부추기며 도와주긴 했지만 무서워하고 망설이고 진땀을 흘리면서 산 아래에까지 내려왔다.

그때 마크는 믿음보다 두려움이 컸다. 그는 이유가 무엇인지 머리를 싸매고 생각했다. 그는 콜로라도의 에스테스 파크, 캘리포니아의 레이크 타호, 오리건의 마운트 후드, 알래스카의 페어뱅크스, 그리고 그 외 여러 지역에서 크로스컨트리 스키를 아주 능숙하게 탔다. 그런데 왜 활강 스키는 시작조차 할 수 없는 것일까?

마크는 이 책에서 설명한 시각화 기법을 사용했다. 활강 스키에 온 마음을 다하여 집중했다. 그렇게 하는 동안 한 편의 비디오가 기억의 표면에 떠올랐다. 놀랍게도 수년 전에 입력되어 마음속에 있는지조차 몰랐던 영화 같은 장면이었다.

그것은 그와 가까이 지내던 어떤 사람이 나무에 처박혀 머리부터 발끝까지 깁스를 한 모습이었다. 잠재의식 속에 있던 그 경험이 그의 두려움의 정도를 크게 했고 활강스키를 타지 못하게 막았던 것이다. 그는 마음속 무대에서 뇌세포에 담긴 '활강 스키' 라는 제목의 비디오를 끄집어냈다. 비디오테이프의 통을 열어 낡은 테이프를 꺼낸 뒤 성냥을 그어 완전히 불태워 자신의 경험에서 삭제해 버렸다.

그런 뒤에 새 테이프를 넣었다. 상상력을 이용하여 '활강 스키' 라고 다시 써넣고는 스키를 타고 산비탈을 내려오는 스키 전문가 같은 자신의 모습을 '보았다' 그리고 그것을 생생한 경험으로 만들었다. 그러고는 크로스컨트리 스키를 탈 때 경험했던 즐거운 기분을 입력했다. 그는 멋진 자세로 대단히 흥분한 채 생동감 넘치는 모습으로 스키를 타고 내려가는 자신을 마음속으로 그렸다. 두려움은 없었다!

그 후 그는 다시 한번 활강 스키를 타 보기로 했고 이번에는 말할 것도 없이 성공했다!

마음속에 그렸던 18개의 홀

버트 데커가 전기를 쓰기도 했던 제임스 네스메스 소령은 자신의 골프 실력을 향상시키는 것이 꿈이었다. 그러나 그는 그저 주말에 골프를 즐기는 평범한 사람으로서, 최고 90타 정도를 칠 뿐이었다. 그는 목표를 달성할 수 있는 독특한 수단을 강구했다.

그는 7년 동안 북베트남의 포로로 지냈기 때문에 골프를 칠 수 없었다. 골프채에 손을 대지 않은 것은 물론이고 페어웨이에 발을 디뎌 본 적도 없었다. 네스메스 소령이 경기력을 향상시키는 놀랍도록 효과적인 기법을 생각해 낸 때가 바로 그 기간이었다는 사실은 매우 역설적이다. 하지만 7년 후 그가 처음으로 골프 코스에 발을 내디뎠을 때 놀랍게도 74타를 쳐 냈다. 7년 동안 골프채 한 번 휘둘러 보지 않고 평균 20타수나 줄였던 것이다. 믿기 어려운 사실이었다. 포로로 지내던 7년간 몸 상태도 안 좋아졌을 텐데 말이다.

네스메스 소령의 비밀은 무엇이었을까? 바로 시각화였다. 사실 이것은 누구나 배울 수 있는 기법이었다. 네스메스 소령은 7년간 북베트남의 포로로 지내면서 높이 4.5피트에 폭 5피트 가량 되는 새장 같은 곳에 갇혀 있었다. 사람을 볼 수도, 말을 걸 수도 없었고 아무런 육체 활동도 하지 못 했다. 처음 몇 달간 그는 석방을 기다리며 기도밖에 하지 않았다. 그러다가 자신의 마음을 채워 줄 방법을 찾아야 한다는 사실을 깨달았다. 그렇게 하지 않으면 미쳐 버리거나 목숨을 잃게 될지도 몰랐다. 그때 시각화 방법을 깨우친 것이다.

그는 마음속으로 자신이 제일 좋아하는 골프 코스를 택해 골프를 치기 시작했다. 꿈속에나 나오는 상상의 컨트리클럽에서 매일 18개의 홀을 완전히 소화했다. 그는 아주 세밀한 것까지 경험했다. 골프 경기용 옷을 입고 있는 자신의 모습을 마음속으로 그렸고, 나무들과 갓 다듬은 잔디에서 나는 풀 내음을 맡았으며, 바람 부는 봄날이나 흐린 겨울날, 햇볕 내리쬐는 여름날 아침 같은 서로 다른 기후 조건을 경험했다.

티의 세부적인 모든 것과 잔디 잎사귀, 나무들과 지저귀는 새들, 이리저리 뛰어다니는 다람쥐들과 코스의 지형 등이 그의 상상 속에서 완전히 현실이 되었다.

클럽에서 그립을 쥐고 있는 촉감이 느껴졌다. 매끄럽게 다운스윙을 하고 그 방향으로 끝까지 휘두르도록 자신에게 가르쳤다. 그리고 공이 페이웨이의 정중앙에 떨어져 몇 번 튀어 오르고는 정확히 자신이 선택한 지점까지 굴러가는 것을 지켜봤다. 이 모든 것들이 마음속에서 이루어졌다. 현실 세계에서는 전혀 조급할 일이 없었다. 어디에도 갈 수 없었으니까. 그래서 그는 자신의 몸이 마치 골프 코스에 있는 것처럼 마음속으로 공을 향해 한 발짝 한 발짝 다가갔다. 18개 홀을 도는 데 걸리는 상상의 시간이 현실에서 걸리는 시간과 똑같았다. 또 샷, 훅, 슬라이스, 피팅 등 세부적인 것 하나도 놓치지 않았다. 일주일 동안 하루도 빠짐없이 4시간. 18개 홀. 7년. 그리고 20타수 감소. 74타.

정말 그렇게 쉬울까?

우리가 설명한 기법에 익숙하지 않은 이들은 이것을 못 미더워할 수도 있겠다. 만일 당신도 그렇다면 예를 하나 더 들겠다. 이것은 최근 몇 년간 사람들에게 눈부신 관심을 끌었던 사례이다. 우리가 이야기하려는 것은 '재생 기법rebirth'이다. 재생 기법은 레오나드 오어와 손드라 레이가 창안한 심리학적 회귀 기법으로, 당신을 출생 무렵으로 데리고 간다. 재생 치료사rebirther는 그러한 방법으로 당신의 고통이나 고민, 심리적 외상, 증오의 감정, 마음의 상처 등을 극복하도록 도와줄 수 있다.

마크가 순회 강연차 하와이에 갔을 때, 동료 강연자 하나가 재생 치료사를 불러 치료를 받아 보자고 했다. 마크는 언젠가 들어 본 적이 있는 재생 기법의 대단한 성과에 회의적이었으며, 심리적인 미신 행위일 뿐이라고 생각했다. 하지만 그는 60명의 다른 사람을 따라 재생 치료를 받는 데 동의했다.

사람들은 집단으로 깊은 호흡의 단계를 거쳤다. 재생 치료사는 즉석에서 허락을 받아 각각의 사람들을 주의 깊게 지켜보면서 최면을 걸어 깊은 무아지경에 빠뜨렸다. 잠시 동안 마크는 태아인 자신을 보았다. 놀랍게도 그는 상상의 스크린 두 개를 동시에 바라보는 뚜렷한 경험을 했는데, 예전에는 경험하지 못 했던 것이었다. 그는 현재의 성인 남자인 동시에 여전히 엄마 뱃속에 있는 태어날 무렵의 태아이기도 했다. 아인슈타인이 '통일된 하나' 라고 부르는 것과 같은 것이다. 마크의 출생은 가족들에게 매우 기쁜 일이었다. 마크의 맏형이 태어났을 때 의사는 그의 어머니에게 앞으로는 임신할 수 없을 거라고 말했다. 하지만 그녀는 임신을 했고 마크와 그의 동생을 낳았다. 어찌나 간절히 원했던지 '기적의 아이들' 이라고 불렀을 정도였다. 재생 치료사들은 마크의 경우와 같이 출생이 '식은 죽먹기' 처럼 쉬우면, 그때는 다시 환자의 기억이 문제 발생의 여지가 있는 시기를 비추어서 거기에 작용한다고 말했다.

마크의 마음은 세 살 때 어느 일요일 오후를 비추었다. 일요일은 철저한 청교도 직업윤리를 가진 그의 아버지가 제과점을 열지 않는 유일한 날이었다. 그는 마크를 끌어안고 소파에 누워 있었다. 제빵 기술자인 그의 아버지는 관절이 늘어나 움직임이 둔화되는 지독한 관절염에 걸린 상태였다. 마크는 아버지에 대한 연민을 느꼈지만 말을 못하는 때였으므로 속으로만 말했다.

'아빠, 관절염 앓지 마세요. 제가 대신 앓을게요.'

어린 시절 순진한 마음으로 인해 마크는 자신의 몸에 관절염이 생길 것이라는 그릇된 믿음에 갇혀 버렸다. 기억을 재생시킨 상태에서 그 장면을 본 마크는 땀을 마구 쏟기 시작했다.

마크의 기억으로는 재생 치료사 중 한 사람이 찬물을 적신 시원한 수건으로 그를 닦아 주면서 다음과 같이 되풀이해서 말했다고 한다.

"그것을 놓아 준다. 영원히 사라지게 한다. 다 끝났다."

마크는 그의 말대로 했고 정말로 끝이 났다. 마크는 자신의 의식 세계에서 그 나쁜 생각을 쫓아 버렸고 그에 따라 미래에 발병할 수도 있었을 관절염도 사라진 것이다.

※ 주의 : 재생 기법 및 심리학적 회귀 기법은 반드시 당신이 알고 있는 사람으로서 믿을 만하고 결격 사유가 없으며 수익 단체에 속하지 않은 치료사의 통제를 받아 시도해야 한다. 정교한 시각화 방법이니 전문가의 안내를 통해 장애물을 피하도록 하라.

재생 기법은 '대본을 고쳐 쓰는' 극단적인 예이다. 그러니까 앞에서 제시한 방법만으로도 당신은 얼마든지 혼자 해낼 수 있다. 부정적인 비디오테이프를 찾아내어 새 내용을 담아라. 마크가 활강 스키를 타는 데 성공한 것처럼 말이다. 당신도 목표를 이룰 수 있다.

5단계-모든 감각을 사용하라

상상 속에서 비디오테이프를 찍거나 고칠 때는 오감, 즉 미각, 촉각, 후각, 시각, 청각을 모두 사용하라. 감각은 그 효과를 더욱 높여 준다. 반드시 오감을 모두 사용해야 한다. 시각을 이용하여 당신의 머릿속으로 그릴 수 있는 최고의 극장만큼 큰 상상의 스크린을 설치하라. 그리고 과학의 시대가 만들어 낸 뛰어난 기술로 생동감이 넘치게 만든다. 청각을 이용해서는 돌비나 루카스 음향 기술과 맞먹는 최고급 음향을 도입하여 모든 소리가 완벽하게 들리게 하라. 또한 당신의 후각을 향기로 가득 채워라.

그리고 만져 보라. 대상의 결, 까칠한 표면, 온기(혹은 냉기)를 느껴 보라.

먹을 수 있다면 맛도 보라. 혀에 갖다 대고 맛을 상상하라.

그다음에는 상상의 대상에 대해 느꼈던 모든 감각을 합쳐 하나의 유쾌한 육체의 경험으로 녹여 내라. 막 시작하는 이들은 우선 내면의 감각 중에 가장 예민한 부분을 택해서 그것부터 시작하는 것이 쉽다. 촉감을 상상하기가 가장 쉽다면 목표 대상의 사진이나, 목표를 재현하는 다른 물건을 쥐고 있을 때 햇빛이 당신의 얼굴에 비치고 있다는 느낌에서부터 시작하라.

6단계-마지막 결과에서부터 시작하라

마음의 눈을 사용할 때는 얻고 싶은 결과를 먼저 상상으로 빚어 내고 그 하위에 있는 여러 단계들로 차례차례 확장해 나간다.(하위의 단계들이 주는 유익을 잊으면 안 된다.)

체조 선수 메리 루 리턴의 목표는 올림픽에서 금메달을 따는 것이었다. 그녀는 그것을 간절히 원했을 뿐만 아니라 철저하게 '보았다' 그녀는 우리의 동료이자 친구인 데니스 웨이틀리 박사와 함께 시각화를 위한 글을 썼다. 그리고 1만 번 되풀이했다.

그녀는 긴장을 풀고 스스로에게 '나는 여기에 있을 권리가 있어' 라고 말했다. 그리고 모든 체조 동작을 글로 쓴 그대로 완벽히 해내는 모습을 마음속으로 그렸다.

"내가 침착하고 우아하게 높은 체조봉에서 내려오는 모습이 보여요. 그리고 승리한 모습으로 허공에 팔을 뻗어요. 엄마 얼굴에 흘러내리는 기쁨의 눈물이 보이고, 10점 만점이 기록된 전자식 점수판도 보여요. 관중들이 요란하게 기립 손뼉을 치는 것도 보이고, 휘티스사

_{미국의 스포츠 잡지 : 옮긴이}와 3백만 달러의 광고 계약을 하는 모습도 보여요."

그녀의 주된 목표는 체조봉에서 성공을 거두는 것이었다. 하지만 그녀는 상상력을 확대하여, 체조 경기의 전 과정이 실제로 자기 앞에서 일어나는 것처럼 분명하게 볼 수 있었다. 그녀가 올림픽에서 체조 경기를 펼치는 것은 이미 1만 번이나 했던 동작을 되풀이하는 데 지나지 않았던 것이다.

7단계-결론

시각화가 생산적이기 위해서는 끝맺음이 하나의 의식儀式처럼 되어야 한다. 시각화했던 것이 무엇이든 상관없이 매번 똑같은 방법으로 끝내는 것이다. 마무리는 편안하면서도 정신을 고양시켜야 하며, 기분을 끌어올리는 동시에 초월적인 경험을 마쳤다는 사실을 분명히 해 주어야 한다.

다음과 같은 말로 시각화를 끝내라.

"그렇다. 잘못된 결과는 있을 수 없다. 때문에 나는 기쁘다."

지금 당신의 상황은

당신 스스로가 만든 것이다.

만일 다른 상황을 원한다면

당신이 먼저 변해야 한다.

제4장

| 자기 확신을 가져라

나는 최고다

무함마드 알리는 역사상 가장 뛰어난 권투선수 가운데 한 사람이다. 하지만 그도 각광받기 전에는, 그러니까 그의 이름과 얼굴이 세상에 알려지기 전에는 그저 최고 선수가 되려고 분투하는 한 명의 권투선수에 불과했다.

소니 리스톤과의 대 시합을 앞두고 캐시어스 클레이라는 청년은 기자들에게 "나는 최고의 선수다!"라고 말했다. 그때 기자들은 이 건방진 녀석을 비웃었다. 하지만 정말로 그가 승리하자 사람들은 그를 주목했다. 그는 경기에서 이겼을 뿐만 아니라 그 사실을 예언하기까지 한 것이다. 아마 당신은 우리처럼 그날 신문 스포츠면 머리기사를 장식한 세 마디를 기억하고 있을 것이다.

"나는 최고의 선수다!"

나중에 알리로 이름을 바꾼 클레이는 '나는 최고의 선수다!' 라는 자신의 좌우명을 끊임없이 되뇌면서 세계 순회 경기를 계속했다. 또 몇 회에 상대 선수를 쓰러뜨리겠다고 장담까지 했다. 그의 예상은 한두 경기를 제외하고는 모두 들어맞았다.

어떻게 그런 일이 가능할 수 있었을까? 무함마드 알리는 미래를 볼 수 있는 어떤 신비스러운 능력을 가지고 있었던 걸까? 아니면 사람들은 모르지만 그만이 이해할 수 있는 무언가가 있었던 것일까?

답은 '그렇다!' 이다.

알리가 촉발시킨 신비한 힘은 자기 확신이었다. 자기 확신은 당신이 스스로에게 혹은 다른 사람들이 당신에게 말함으로써 생기며, 그말을 믿고 의지하면 이루어진다.

자기 확신의 방법을 이해하라

알리는 '나는 뛰어나다' 혹은 '나는 최고에 가깝다' 혹은 '나는 내년에 최고의 선수가 될 것이다' 라고 말하지 않았다. 단순하고 분명하게 '나는 최고의 선수다' 라고 말했다. 이것은 매우 주목할 만한 사실이다. 그는 세 가지 일을 동시에 해냈다.

첫째, 잠재의식의 역할을 일깨웠다. 시합을 앞둔 바로 그때, 그 자리에서 자신을 정의함으로써 잠재의식이 무엇을 믿어야 하는지 말해 준 것이다.

둘째, 사람들 앞에서 자신의 확신을 큰소리로 선언해 버림으로써 되 돌릴 수 없는 사실이라는 점을 인지하도록 했다. 그의 잠재의식은 그 선언에 따라야 했다.

셋째, 일단 그가 자신의 말대로 세계 챔피언이 되자 다른 사람들도 그의 말을 믿게 되었다. 3라운드에 때려눕히겠다는 알리의 선언을 상대 선수가 꼭 듣게끔 하면, 상대 선수는 이미 3라운드에 나가떨어질 준비가 되어 있는 꼴이었다.

알리의 자기 확신의 힘은 대단했기 때문에 상대 선수들조차 그의 말이 그대로 이루어질 거라 믿었다. 따라서 결과도 그렇게 나왔다. 알리는 자기 자신과 상대 선수들의 심리를 완전히 압도했다. 알리는 또한 확신의 말 이외에도 다른 형태의 자기 확신을 시도했다. 그가 한 행동은 경기에 앞서 심판이 주의사항을 이야기할 때 상대를 노려봄으로써 제압하는 것과, 매 라운드의 휴식 시간에 코너에 앉지 않는 것이었다. 이로써 스스로 이긴다는 믿음을 확인하고, 상대 선수에게는 절대 이길 수 없는 강적이라는 인상을 심어 주었다.

알다시피 알리의 권투 기교는 정말 굉장했지만, 심리적 기술은 더 대단했다. 알리는 마음으로 권투를 했다. 어떤 일이든 우선 마음으로 승리한 후 전쟁터에 나서야 실제로 승리할 수 있다.

긍정적으로 생각하라

자기 확신의 말이란 믿음의 말이다. 따라서 자기 확신이 없으면 잠재의식은 다른 사람들이 심어 준 믿음을 아무렇게나 입력한다. 잠재의식은 훈련되어 있지 않기 때문에 그 속에 쏟아 부어지는 것은 무엇이든 믿는다. 부정적인 이야기를 들으면 부정적으로 사고한다. 당신이 위축되고 불확실하며 수줍어하고 어찌할 줄 몰라 한다는 말을 들었다고 하자. 당신의 잠재의식은 그 말을 믿고 그에 따라 당신의 행동을 좌우할 것이다.

부정적인 예감이 실제로 들어맞은 대표적인 사례가 1984년 올림픽 선수로 출전한 메리 데커의 이야기이다. 메리는 세계에서 가장 탁월한 달리기 선수 가운데 한 사람이었다. 그녀는 미국 육상 경기의 위대한 희망이었다. 하지만 그녀가 올림픽에 출전하기 전에 어느 토크쇼에 나와 이야기하는 것을 들어 보니 목소리나 말에서 '난 징크스가 있어요. 징크스가 있다구요' 식의 말투가 묻어 나왔다. 분명 그녀는 자신이 어떤 짓을 하고 있는지 몰랐다.

물어 볼 것도 없이 그녀는 엄청난 부담을 느끼고 있었다. 그 결과 그녀는 자신의 잠재의식에 부정적인 말을 쏟아 부은 셈이 되었고, 잠재의식은 그 말을 고스란히 듣고 말았다. 올림픽에 출전한 그녀는 정말 징크스에 걸린 것 같았다. 의식에 부정적인 생각을 입력하면 잠재의식도 부정적인 생각을 갖는다. 그것은 어떤 결과에는 반드시 원인이 있다는 오래된 법칙이기도 하다. 원인과 결과는 하나로 묶여 있다.

문제는 너무나 많은 사람들이 오로지 결과만을 본다는 것이다. 당신이 보는 것은 잠재의식이 공들여 만든 결과물이다. 사람들은 일이 잘못되거나 실패하면 결과만을 보는 경향이 있다. 대개는 그 결과에 대한 원인이 있다는 사실을 깨닫지 못한다.

지금까지 믿어 왔던 것을 계속해서 믿으면 지금까지
이루어 온 결과를 계속해서 이루게 된다.

우리가 세미나에서 종종 의견을 나누는, 잠재의식이라는 주제를 건드리고 있는 간단한 이야기를 들어 보라. 어느 수도원에 있었던 젊은 수도사의 이야기이다. 특별한 질서가 통용되는 이곳에서는 모든 수도사들이 침묵의 서약을 해야 했다. 하지만 한 해의 마지막 날에는 수도원장에게 딱 한 마디 말을 할 수 있도록 허락되었다.

첫해의 마지막 날, 수도원장은 새로 온 수도사에게 할 말이 있는지 물었다. 수도사가 대답했다. "침대가 딱딱합니다."

수도원장은 고개를 끄덕이고 계속 정진하라며 그를 돌려보냈다.

둘째 해의 마지막 날, 수도사는 수도원장에게 다시 이런 말을 했다. "음식이 형편없습니다."

수도원장은 고개를 끄덕이고 계속 정진하라며 다시 그를 돌려보냈다.

셋째 해의 마지막 날이 되자마자 그 수도사는 원장에게 달려오더니 말했다.

"이제 그만두겠습니다."

수도원장은 고개를 끄덕이며 말했다.

"별로 놀랄 일도 아니지. 자네가 하는 일이라곤 불평하고 불평하고 또 불평하는 것뿐이니까."

실패의 원인은 부정적인 생각을 잠재의식에 입력시킨 탓이다. 부정적으로 생각하면 잠재의식이 부정적인 결과들을 만들어 낸다. 긍정적으로 생각하라. 그러면 잠재의식이 긍정적인 결과를 만들어 낼 것이다. 간단하다.

믿음을 가져라

목표를 이루기 위해서는 할 수 있다고 믿어야 한다. 입으로만 믿는다고 하면 안 된다. 믿음이 행동을 낳고 행동이 결과를 낳는다. 따라서 목표에 맞는 행동을 할수록 올바른 결과가 더 많이 돌아온다.

의식적인 믿음은 목표 달성의 열쇠이다. 하지만 어떻게 해야 믿음이 생길까? 앞에서 말했던 것처럼 먼저 글로 적어서 목표를 세워야한다. 그리고 목표를 시각화한다. 마지막으로, 자신의 능력으로 목표를 이룰 수 있다는 자기 확신을 심어 준다. 자기 확신이야말로 믿음을 만들어 내는 가장 큰 힘이다.

윌 로저스는 다음과 같이 말했다.

"나는 신문에서 읽은 것만 안다."

이 말의 뜻은 사람들은 모두 글로 씌어진 것만 믿는 성향이 있다는 것이다.

또 사람들은 스스로 확신하는 것을 믿는다. 반복된 자기 확신은 신뢰를 가져온다. 큰소리로 확신에 찬 말을 하면 잠재의식이 그 말을 듣고 가능성을 고려한다는 이점이 있다. 잠재의식은 이렇게 말한다.

"어쩌면 그 말이 맞을지도 몰라."

다른 사람들 앞에서 확신에 찬 말을 하면 잠재의식에 강한 확신을 주입하는 결과를 가져온다. 이제 잠재의식은 다음과 같이 말하지 않을 수 없다.

"와, 정말 말해 버렸군. 넌 모험을 걸었어. 네가 끝까지 해내지 않으면 사람들이 널 바보로 생각할 거야. 내가 뒤에서 널 밀어 줘야겠어. 일하러 가야겠는걸." 자기 확신의 힘이 보이는가? 그것은 잠재의식으로 하여금 당신의 능력을 믿게 만든다.

어떻게 자기 확신을 심을 것인가?

잠재력을 발휘하고 미래의 성공을 성취하기 위해서는 자기 확신
이 매우 중요함을 깨달았을 것이다. 그렇다면 어떻게 해야 자기 확신
을 가질 수 있을까?

우리가 세미나에서 사람들에게 제안하는 방법이 있는데, 당신도
이 책을 읽으면서 따라해 보기 바란다. 요령을 익히기 전에는 혼자
있어야 지만할 수 있을 것 같으나 나중에는 사람들이 있어도 부담을
느끼지 않을 것이다.

1. 첫 번째 할 일은 일어서는 것이다. 일어선 자세는 의식을 완전히 깨어나
   게 한다. 우리는 언제나 중요한 일을 할 때는 일어서라고 권한다.

   예를 들면 다음번에 전화 통화를 할 때는 앉지 말고 선 채로 자신
   의 말을 들어 보라. 에너지 공급이 잘 됨에 따라 머리 회전이 빨라지
   고 새롭게 힘과 열정이 솟는 것에 놀랄 것이다. 전화선 저편에 있는
   사람도 당신의 갑작스러운 활력에 어리둥절해야 할 것이다.

2. 자기 확신의 말을 하면서 집게손가락과 가운뎃손가락으로 가슴 한가운
   데를 톡톡 두드려라. 이렇게 하면 촉감과 시각적인 느낌이 개입된다. 집
   게손가락은 우리 몸에서 가장 민감한 촉각 기관이며 마음의 입구이다.
   따라서 당신은 집게손가락이 가리키는 걸 '보게 된다.' 이때 가운뎃손가
   락은 집게손가락에 힘을 더해 준다. 마음은 즉각적으로 당신이 무언가
   를 얘기한다는 사실을 깨닫고 의심의 여지를 없앤다. 이렇게 함으로써
   당신은 완전히 집중할 수 있다.

3. 마지막으로, 온 마음을 다해 말하라! 손가락으로 가슴을 톡톡 두드리며 자기 확신에 찬 말을 할 때에는 큰소리로 분명하게, 그리고 목소리가 떨리지 않도록 한다.

영화 〈스타워즈〉의 속편인 〈제국의 역습〉에서 제다이의 스승 요다는 루크 스카이워커에게 우주에서 가장 위대한 '힘'을 불러일으키는 수단을 전수해 주려고 노력한다. 그는 제자에게 말한다.

"루크, 해 본다는 건 없다. 하거나 하지 않거나 둘 중의 하나일 뿐이다."

그 가장 위대한 '힘'은 자기 확신에서 느껴지는 것이다. 당신이 이러이러한 말을 함으로써 이러이러한 결과를 낳는다.

단순한 말속에 의미가 들어 있는 것이다. '난 최고가 되기 위해 노력할 거야' 라든가 '난 아름다워지도록 노력할 거야' 같은 말을 할 때 위대한 결과를 확신한다고 해서 돈이 더 드는 것은 아니잖는가? 변변치 못한 결과를 확신할 필요는 없다.

확신의 말은 화려하게 꾸미거나 말을 길게 하거나 유명한 말에서 따오지 않아도 된다. 간결함이 핵심이다. 그리고 미래 시제가 아닌 현재 시제여야 한다.(기억하라. 잠재의식은 미래에 작동하는 것이 아니다. 현재에 작동한다.)

확신에 찬 말을 할 때는 가능한 한 신념을 가지고 내뱉어라. 말을 더듬거렸다면 다시 시작하라. 말이 잘 나오지 않을 때는 소리를 치는 것도 한 방법이다. 크게 소리 질러라. 완전히 드러내 보여라. 이제 확신의 메시지가 당신의 잠재의식을 일깨울 것이다.

확신은 자주 가질수록 좋다

확신을 자주 가질수록 잠재의식이 빨리 작동하여 그만큼 성과도 빨리 나타난다. 당신이 마음을 지배하라.

> 손가락으로 가슴을 톡톡 두드리며 말하라.
> "내 안에는 탁월함이 있다. 나는 천재이며,
> 지금 내 천재성을 활용하고 있다."

인도 사상에 의하면 무언가를 1만 번 말하면 그것이 만트라mantra가 된다. 만트라는 결국 당신이 살게 될 미래의 모습을 만들어 내는 반복된 생각이다.

규칙적으로 자기 확신을 가지면 자기 존재의 깊은 곳으로 들어가 자신과 미래에 관해 들을 수 있다. 우리는 '우회 마케팅' 이라는 기법을 사용하여 『영혼을 위한 닭고기 수프』 1천5백만 부를 팔리라 확신했고, 현재 그렇게 되었다.

내면의 지혜는 어떤 일의 결과를 낳는 잠재의식의 일부이다. 이 지혜가 '넌 최고야' 라고 확신의 말을 따라 하기 시작하면 반복되는 이 말이 마침내 비생산적이고 부정적이며 자기 파괴적인 낡은 생각들을 막아주고 걸러 준다.

무엇을 확신할 것인가

지금까지 우리는 언제 그리고 어떻게 자기 확신을 가져야 하는지 이야기했다. 다음 단계는 '무엇을 확신할 것인가?' 이다.

물론 이 '무엇' 은 개인에 따라 다르다. 당신의 목적과 목표에 따라 다르게 선택할 수 있다. 우리는 당신이 필요에 따라 쓸 수 있는 확신의 말뿐만 아니라 끊임없이 반복할 수 있는 주된 말을 갖고 있기 바란다.

> 손가락으로 가슴을 톡톡 두드리며 말하라.
> "나에게는 뛰어난 재능이 있다. 나는 지금 그 재능을
> 최대한 발휘하고 있다."

자신의 목적에 맞게 확신의 말을 만들어 내야 한다. 단순하고 긍정적이며, 간결하고 건설적인 말로 만들어라. 반복하기 좋게 만들면 영원히 돌아가는 마음속의 순환 테이프가 될 것이다.

아침에 일어나 처음 마주치는 자신의 모습에 대해 부담을 안 느낀다는 확신을 갖는 것도 좋은 생각이다. 당신도 우리와 마찬가지라면, 아침에 침대에서 일어나 비틀거리며 거울 앞에 섰을 때 엉망진창인 자신의 모습을 바라볼 것이다. 머리칼은 흐트러져 있고 단장도 하지 않은 상태이며, 수염은 자란 데다가 베개나 이불 때문에 얼굴에는 주름이 잡혀 있다. 대다수의 반응은 분명 '아아아 아우!' 하고 고함을 치는 것일 게다.

그런 반응은 무엇을 뜻하는가? 당신의 잠재의식에게 자신의 꼴이

말이 아니라는 정보를 입력하고 있는 것 아닌가? 혹 부정적인 생각을 입력하고 있는 건 아닌가? 입력된 부정적인 생각은 그날 하루 당신에게 어떤 영향을 미칠까? 당신은 어떤 결과를 얻게 될까? 잠재의식이 긍정적인 결과를 얻기 위해 힘차게 앞으로 나아갈까? 아니면 실망의 소리에 따라 움직일까?

> 손가락으로 가슴을 톡톡 두드리며 말하라.
> "내게는 위대한 꿈이 있다.
> 나는 그 꿈을 현실로 만들 수 있다."

다른 방법이 있다. 아침에 일어나서 거울 속의 자신에게 미소를 지으며 '있잖아, 넌 괜찮아'라고 말하는 것이다. 아니면 '넌 정말 멋져'라고 해도 된다. 별로 어려운 일이 아니다.

지금 당장, 이 책을 읽고 있는 동안 잠시 읽기를 멈추고 미소를 지어보라. 편안하고 깊이 숨을 쉬면서 웃는 것이다. 그리고 자신의 감정 상태가 어떻게 변하는지 지켜보라.

누군가가 혹은 어떤 일이 당신을 행복하게 만들어 주리라 기대하지 말라. 지금 당장 행복을 선택하라. 행복도 하나의 선택이며 그 가운데 잘 알려진 가장 오래된 방법은 미소를 짓는 것이다. 하루하루를 미소로 시작하라. 거울 속의 자신을 보고 웃으면서 시작하라. 그리고 이렇게 말하라.

"안녕. 난 널 사랑해. 오늘은 우리에게 멋진 날이 될 거야."

그리고 끝까지 그런 마음 자세를 가져라. 멋진 결과를 만들어 낼 것이라는 자각과 믿음을 가지고 하루를 살아라. 자신에게 물어야 할 진정한 물음은 '나는 스스로에게 뭐라고 말하고 있나?' 이다. 나는 스스로를 높여 주고 있는가? 나를 가장 잘 격려해 주는 사람이 바로 나인가?

당신의 인상을 심어 주는 첫 번째 사람은 바로 당신 자신임을 잊지 말라. 당신이 자신에게 좋은 인상을 받으면 세상도 당신에게 좋은 인상을 받는다. 매일 아침 집을 나서기 전에 이 사실을 반드시 기억하라. 시카고에 있는 에이온 기업의 소유주인 억만장자 W. 클레멘트 스톤은 아침마다 직원들에게 다음과 같이 말하라고 시켰다.

"기분이 좋다. 몸도 상쾌하다. 날아갈 것 같다."

그는 이 세 가지 확신의 말을 이용하여 수십만 명에 이르는 영업 사원들에게 동기 부여를 했고, 마침내 능률과 재정 면에서 큰 성공을 거둘 수 있었다. 자기 확신을 가지기에 좋은 장소는 욕실이다. 당신은 가끔 욕실에서 노래를 부를 것이다. 그때 노래만 부르지 말고 자신의 몸을 껴안고 몸의 각 부분을 쳐다보면서 그것들이 얼마나 훌륭한지 말해 주어라. 예를 들면, 몸의 각 기관에게 건강하라고 얘기하라.

"마음아, 넌 정말 놀랍다. 너한테는 손쉽게 힘들이지 않고도 좋은 결과를 가져올 수 있는 생각들이 있구나." 보는 사람은 아무도 없다. 당신의 잠재의식 말고는 아무도 모른다.

이렇게 하면 비밀스럽고 개인적인 활력 증진의 시간을 만들 수 있다. 머리카락을 만지며 '정말 멋진 머리야!' 라고 말하라. 얼굴을 만지며 '내 얼굴은 정말 이뻐' 라고 말하라. 샤워를 마치고 나올 때쯤 당신은 한 마리 사자처럼 힘이 넘칠 것이다.

정말 효과가 있을까?

물론이다! 많은 책을 써서 성공을 거두었고 『오류 지대^{Your Erroneous} Zones』라는 책으로 잘 알려진 웨인 다이어 박사는 책을 출간하기 훨씬 전에 세인트존 대학에 있는 자신의 동료들에게 말했다.

"난 베스트셀러 작가가 될 거야."

동료들은 웃음을 터뜨렸다. 하지만 그의 책들은 오늘날까지 5천8 백만 권 이상 팔렸다.

> 손가락으로 가슴을 톡톡 두드리며 말하라.
> "나는 보고, 느끼고, 믿는다.
> 그리고 행동함으로써 점차 발전한다."

인디애나에 있는 유명한 노틀담 팀을 맡고 있는 루 홀츠 같은 세계 최고의 감독들은 언제나 자신의 선수들을 '챔피언'이라고 부른다. 왜 그럴까? 그 선수가 정말로 챔피언이라서 그럴까? 물론 그렇지 않다. 하지만 감독들은 자신이 내뱉은 말이 선수들의 잠재의식을 움직인다 는 사실을 잘 알고 있다. 루 홀츠는 지지부진한 팀을 맡아 2년 안에 최고 팀으로 만들었다.

> 손가락으로 가슴을 톡톡 두드리며 말하라.
> "나는 최고의 승리자다."

반드시 이룰 것이라 확신하라

자기 확신은 특정 목표뿐만 아니라 자질에도 영향을 미친다.

웨인 그레츠키는 훌륭한 육상 선수였다. 17살 무렵, 그에게는 하키와 축구 가운데 하나를 선택할 수 있는 기회가 있었다. 그는 하키를 사랑했다.

그가 프로 하키 선수가 되기로 결심하자 주위에서 이렇게 말했다. "넌 겨우 172파운드밖에 나가지 않아. 너무 가볍단 말이지. 하키 선수들은 평균 226파운드가 넘어. 넌 거기서 배겨날 수 없을 거야."

> 손가락으로 가슴을 톡톡 두드리며 말하라.
> "나는 정말로 건강하다!"

그레츠키는 '퍽^{하키 경기에서 사용하는 고무 원반 : 옮긴이}이 가는 곳에는 나도 간다'라는 단순한 말로 확신을 키웠다고 한다.

그는 하키에 전적으로 매달렸다. 오늘날 그는 수억 달러를 받는 선수이고, 수백만 달러에 달하는 상품 광고를 하고 있다. 또 지금까지 연속으로 일곱 번이나 MVP에 뽑혔다.

그가 가진 확신은 단순하고 명쾌했다. 그는 그 확신을 통해 자신이 선택한 운동에서 최고의 성공을 거둘 수 있었다.

다른 사람에게도 성공의 확신을 심어 주어라

확신이 있으면 아무것도 안 해도 상당한 배당금이 들어온다.

누군가를 칭찬하면 그 사람은 자신감이 생긴다. 그러면 그에 대한 보답을 하게 되고 당신은 보상을 받을 것이다. 당신이 진실하다면 그것이야말로 다른 사람들에게 우호적인 영향을 미칠 수 있는 가장 간단하고도 효과적인 방법이다.

다른 사람에게 줄 수 있는 확신이나 칭찬은 세 종류이다.

첫 번째, 외모를 칭찬한다. 지금까지 대다수의 남자들이 여자들에게 써 온 것이다. 두 번째, 정신적인 장점을 칭찬한다. 이것은 학문이나 사업 성과가 뛰어난 우리 시대의 지적 거인들에게 해당되는 칭찬이다. 보통 이 두 가지 칭찬은 제한적일 수밖에 없다. 모든 사람의 정신적인 장점과 외모를 칭찬할 수는 없다. 만일 그렇게 하면 당신은 거짓말쟁이라는 비난을 면치 못할 것이다. 세 번째, 다른 사람의 성품과 업적, 행동을 칭찬한다. 누구든지 핵심적으로 표출하는 자기 성품이 있다. 재미있거나, 신실하거나, 용기 있거나, 절도 있거나, 계획적이거나, 사랑스럽거나, 인정 많거나, 헌신적이거나, 한결같다. 또 어쩌면 솔직하거나 위험을 무릅쓰거나 동물이나 어린이들을 끔찍이 돌보기도 한다. 아마도 높은 수준의 통일성, 도덕성, 윤리의식, 정직성이 드러나기도 할 것이다. 성품을 칭찬하는 것은 가장 본질적인 수준에서 사람을 인정해 주는 일이다. 이것이야말로 다른 사람에게 해 줄 수 있는 가장 심오하고 강력한 확신의 말이다.

어떤 사람이 사업에 성공했다. 어떤 아이는 자전거 타는 법을 배웠다. 어떤 친구는 스키를 잘 탄다. 당신은 또 이들이 이룬 성과를 칭찬해 줄 수 있다. 칭찬을 받은 사람들은 자신감이 커진다. 만나는 사람 모두에게 확신을 심어 주어라. 사람들에게 좋은 말을 하라. 그러면 그것이 그들의 삶에 도움이 되고, 눈에 보이지는 않지만 언젠가 이득이 되어 돌아온다.

> 손가락으로 가슴을 톡톡 두드리며 말하라.
> "나는 중요한 사람이다. 기분이 날아갈 것 같다."

자기 확신의 결과들

목표를 적고 시각화한 후 그 목표에 대한 자기 확신을 가지면 놀라운 결과를 만들어 낼 수 있다. 하지만 그것이 얼마나 놀라운 결과가 될지는 각자에게 달려 있다. 다음은 이 기법들을 이용하여 당신이 이룰 수 있는 몇 가지 것들이다.

나는 지금 행복하다.
나는 지금 건강하다.
나는 지금 아름답다.
나는 지금 성공적인 삶을 살고 있다.
나는 지금 부자이다.
나는 지금 자신감이 넘친다.

당신에게 제일 중요한 사람인 당신 자신에 대한 믿음과 가정, 견해를 바꾸는 일은 결코 불가능하지 않다. 시각화나 자기 확신 등의 방법은 180억 개에 달하는 뇌세포에 동력을 전달하여 뚜렷하고 단일한 목적을 향해 나아가게 한다.

잠재의식이 당신을 변모시키는 과정에 개입한다. 그 과정은 눈에 보이지 않는다. 상처 주지도 않는다. 오랜 시간을 필요로 하지도 않는다. 그냥 일어난다.

손가락으로 가슴을 톡톡 두드리며 말하라.
"나는 정말 멋진 사람이다."

일단 당신이 그 과정과 기초적인 흐름에 익숙해지면 점점 더 자주 그리고 솜씨 좋게 이 기법들을 실행할 수 있다. 예를 들어 자신이 매력이 없고 그래서 친구도 잘 사귀지 못한다고 믿는다. 즉 당신은 사람들이 당신을 싫어한다고 믿고 있다.

해결의 열쇠 1

우선 목표를 세워 변화를 시도하는 첫발을 내디뎌라. 목표는 사람들에게 사랑과 관심을 받는 것이다. 혹은 연인의 관계로 발전할 상대를 찾는 것일 수도 있다. 목표를 적되 글이나 마음 모두 아주 분명해야 한다.

해결의 열쇠 2

목표를 완전히 시각화하라. 앞장에서 설명했던 시각화 7단계 방법을 이용하라. 원하는 자신의 모습을 먼저 '보라.' 따듯하고 친절하며 사랑스러워 보이는 어느 배우를 본 적이 있을 것이다. 마음속으로 그 배우가 되어도 좋다. 적절한 무대 장치 속에 있는 자신을 '보라.'

어쩌면 당신은 사랑하는 사람과 하와이에 있을 수도 있다. 사람들은 모두 친절한 당신과 이야기를 나누고 싶어 한다. 친구가 너무 많아 한 사람과 얘기하다가 중간에 양해를 구하고 다른 사람과 이야기해야 할 정도이다. 그들은 모두 당신에게 사랑스러운 표정을 짓고, 당신을 끌어당기는가 하면, 당신에게 관심과 충고, 지혜로운 상담을 받으려 한다.

자, 효과를 높이려면 여기에 청각과 운동 감각을 더하라.

당신이 하와이에 있다고 가정하면, 파도 소리와 하와이 민속 음악, 원주민들의 대화를 들어라. 그리고 그 모든 일이 지금 눈앞에서 일어나고 있다면 그럴 때 느낄 법한 감정들을 떠올려라. 온몸으로 그 기분을 느껴라. 그야말로 환상적이다!

해결의 열쇠 3

원하는 결과에 대한 확신을 가져라. 잠자리에 들기 전에 확신의 말을 '되풀이' 해도 좋다.

나는 활력이 넘친다.

나는 적극적이다.

나는 친절하다.

나는 침착하다.

나는 매력적이다.

나는 나에게 끌리는 사람들을 만난다.

나는 사랑스럽다.

매일 밤 잠들기 전에 이 확신의 말들을 되풀이하고, 파도가 바닷가를 부드럽게 쓰다듬는 것처럼 그 말들이 당신을 위로하도록 하라. 그 말들이 저절로 나올 때까지, 당신이 그 말들로 존재의 가장 깊은 곳을 엮게 될 때까지 한 달간 연습하라.

이제 그 말들은 하루 종일 자동적으로 되풀이된다. 라디오에서 듣는 인기 있는 노래와 같으며, 당신의 마음속 깊이 자리 잡는다.

이 무렵이면 당신은 원하는 사람이 되는 길을 좇아 멀리까지 온 셈이다. 잠재의식은 이런 메시지를 전달받아 모든 행동에 그 메시지를 반영시키고 사람들에게서 당신이 원하는 반응을 이끌어낸다. 당신이 원하는 자아가 되는 것이다. 자기 확신은 분명 효과가 있다. 그것은 우주에서 가장 강력한 힘이다. 무함마드 알리가 이 힘을 사용하여 놀라운 결과를 얻은 것처럼, 그리고 다른 사람들이 이 힘을 사용한 것처럼 당신도 할 수 있다.

나는 예술가다.

나의 예술 작품은 바로 내 삶이다.

—

캐빗 로버트

제5장

삶의 균형을
잡아라

줄 위의 인생

서커스단에서 줄타기하는 곡예사를 떠올려 보라. 바닥에는 짚더
미가 깔려 있고, 그는 공중에 매달린 줄 위에 서 있다. 그의 목적은
줄 이 끝에서 저 끝까지 무사히 걸어가는 것이다.

그는 균형을 잘 잡기 위해 기다란 봉을 손에 쥐고 있다. 하지만 그
냥 그렇게 걸어가는 것만이 전부가 아니다. 그의 어깨에는 의자가 놓
여 있고, 그 의자에는 젊은 여자가 앉아 이마에 기다란 막대기 하나
를 세워 그 끝에 접시를 올려놓은 상태이다.

곡예사는 자기를 포함한 모든 것들이 균형 잡히고 정리가 될 때까
지 출발하지 않는다. 모든 준비가 되었을 때에야 비로소 조심스럽게,
천천히 줄을 따라 앞으로 전진한다.

어느 순간 하나라도 균형이 흐트러지면 멈춰 서서 다시 완벽한 균

형을 이룰 때까지 기다려야 한다. 곡예사에게는 균형이 생명이다. 균형이 무너지면 그대로 떨어진다.

이처럼 삶은 곡예사의 균형 잡는 행위와 흡사하다. 언제나 줄에서 떨어지기 일보 직전의 상황이라 해도 과언이 아니다. 그래서 사람들은 삶의 다양한 요소들의 균형 유지를 위해 애쓰고, 끊임없이 목적을 향해 나아가며 목표를 이루려고 노력한다.

삶이 균형 잡히지 않을 때

많은 사람들이 돈 문제에 관해서는 균형을 잡지 못한다. 충분한 돈이 없으면 그때는 삶이 곧 돈 사냥의 연속일 뿐이라고 생각한다. 사람들은 돈 문제를 해결하기 위해 끊임없이 에너지를 쏟아붓는다. 그러다 보니 가족이나 친구, 영적이고 정신적인 욕구, 건강을 위해 써야 할 에너지까지 몽땅 끌어다 쓰는 경향이 있다. 따라서 인생의 목적을 향해 나아가지 않는다. 즉, 줄을 따라 앞으로 나아가지 않는다는 것이다.

사람들은 대개 돈 문제가 해결될 때에만 삶의 다른 영역에 에너지를 쏟을 수 있다고 여긴다. 그제야 목적을 가지고 전진할 수 있다고 생각한다. 이렇게 되면 삶의 다른 영역들이 조화를 이룰 수가 없다. 아내 혹은 남편과의 관계에 문제가 생길 수도 있고 내면을 갉아먹는 영적인 공허함 때문에 문제가 터질 수도 있다. 적절한 사회 접촉이 부족해질 수도 있고 질병에 걸릴 수도 있다.

한 영역이 지나치게 많은 양의 에너지를 끌어가면 나머지 측면에는 신경을 덜 쓸 수밖에 없다. 이 때문에 당신이 흔들리면 곡예사처럼 다시 균형을 잡을 때까지 삶이라는 줄 위에서 전진하지 못한다.

삶의 균형을 잡아라

삶의 균형을 잡는 것이 최우선 과제이다. 전체적으로 볼 때 한쪽 영역에만 지나치게 많은 에너지를 쏟아붓지는 않는지 살펴라.

당신은 각각 아버지 혹은 어머니, 연인, 남편 혹은 아내, 아들 혹은 딸, 일꾼, 참여자, 완성자로서의 역할에 에너지를 균등하게 분할해야 한다. 당신이 각각의 역할에 충실해야 각 영역의 기능이 제대로 기능하여 과도한 에너지를 끌어가지 않는다.

하지만 이 일이 저절로 되는 것은 아니다. 균형 잡힌 삶은 당신의 선택에 의해 얻어진다. 당신은 그냥저냥 살아갈 수도 있지만 한편으로는 시간을 아껴 삶의 여러 측면에서 소중한 순간을 만들어 낼 수도 있다. 그런데 여기서 중요한 것은 아무도 당신을 대신해 줄 수 없다는 사실이다. 우리만이 우리 자신이 될 수 있고 당신만이 당신 자신이 될 수 있다. 아무도 당신을 대신해서 생각하고, 숨 쉬고, 느끼고, 보고, 경험하고, 사랑하거나 죽을 수 없다. 당신은 당신일 뿐이다.

남자든 여자든 자기 자신에 관한 지도나 사용 설명서 또는 규정집을 가지고 태어나는 사람은 없다. 자신이 누구인지, 어떤 사람이 될 수 있는지를 발견하는 일은 당신 자신에게 달려 있다. 각각의 삶의 영역을 균형 있게 사는 것도 마찬가지다. 그러기 위해서는 당신이 '결정'이라는 버튼만 누르면 된다.

자신의 삶을 평가하라

우선, 당신이 어떻게 살고 있는지 평가하는 것이 중요하다. 차례 차례 균형 잡고자 하는 삶의 다양한 측면들을 모두 바라보아야 한다. 거기에는 다음과 같은 것들이 포함된다.

결혼 생활과 가족, 돈 문제, 건강 문제, 인간관계, 정서적인 성장, 영적인 발전, 정신적인 성장 등이다. 당신은 모든 영역에 충분한 에너지를 공급할 수 있는가? 아니면 균형을 잃고 한쪽 방향으로 치우쳐만 가는가?

어떻게 균형을 잡을 것인가

균형 잡힌 삶을 살기 위해 평생 열심히 노력한 사람은 다름아닌 배우 실베스터 스탤론이다. 그는 줄 위에서 균형 잡는 법을 배운 아주 좋은 예이다.

어린 시절, 그는 외롭게 컸을 뿐만 아니라 과운동성過運動性으로 인한 행동 장애가 있었고, 정서적인 학대를 받기도 했다. 그는 드렉슬 대학에서 시험을 거친 결과, 엘리베이터 수리공이 그의 소명召命이라는 말을 들었다.

스탤론의 아버지는 머리를 쓸 줄 모르면 몸이나 키우라고 충고하면서 그를 자주 주눅들게 했다. 그는 나중에 이 말을 영화 〈록키〉에서 대사로 인용했다. 실베스터 스탤론이 연기를 하겠다고 마음먹었을 당시 그의 삶은 재정에서부터 정서적인 면에 이르기까지 제대로 균형 잡힌 것이 하나도 없는 상태였다. 이러한 불균형 탓에 초기의 배우 생활은 실패의 연속이었다. 하지만 그는 배우고자 했다.

마크가 읽었던 어느 잡지 기사에서 스탤론은 이렇게 말했다.

"성공이란 실패를 이겨 내고자 하는 노력이 절정에 이른 상태를 말한다. 내가 연기를 시작하자마자 곧장 성공했다면 시나리오는 쓰지 못했을 것이다. 하지만 나중에는 글 쓰는 것이 연기보다 더 재미있었다. 나는 실패했기 때문에 문제를 역전시켜 할리우드 주류에 편입할 수 있는 다른 방법을 찾았던 것이다. 내가 배우로서 곧바로 성공했더라면 어느 단계에서 정체되어 아마 성격 배우로 머물렀을 것이다."

스탤론은 여러 해에 걸쳐 삶의 정서적 측면, 육체적 측면, 정신적 측면에서 균형 잡는 방법을 배웠다. 그러던 어느 날 밤, 무함마드 알리와 척 웨프너의 권투 시합을 보았다. 관중들은 약자가 시합을 끝까지 해 내는 모습을 보고 환호성을 질렀다. 그는 깊이 감명받아 사흘 반나절만에 〈록키〉 시나리오를 완성했다.

그리고 제작자들을 찾아다니며 자신을 주연으로 기용하는 경우에 한해 시나리오를 팔겠다고 말했다. 대부분의 제작자들은 그의 제안을 거절했다. 그후의 이야기는 영화사에 길이 남을 이야기이다. 〈록키〉의 총수입은 1억 달러를 넘었다. 돈은 많이 벌었지만 그의 삶은 여전히 불균형 상태에 있었다. 그는 충분한 사랑을 느끼지 못해 결국 이혼했다. 그러나 운동을 통해 근육질 사나이로 변모했고 자신의 마음과 정신적인 믿음을 발전시켰다.

그가 개인적으로 변모하기까지는 오랜 세월이 걸렸다. 하지만 그의 변모는 결과적으로 누구도 넘볼 수 없는 성공을 가져다준 삶의 균형을 낳았다. 오늘날 그는 이익에 따라 분배를 받는 조건과 함께 편당 2천만 달러를 받기로 장기 계약되어 있다.

스탤론이야말로 균형 잃은 삶에 균형을 잡아 주면 어떤 결과가 나타나는지 보여 준 산 증인이다.

이 장은 이 책에서 가장 짧지만 가장 중요한 장이라고 할 수 있다. 이 장은 우리의 궁극적인 메시지를 아주 간결하게 전달하고 있다. 이제 남은 일은 균형을 벗어난 영역이 어디이고, 그것을 어떻게 정렬할지 알아내는 것이다. 우리는 다음 장들에서 그 일을 하려고 한다.

삶은 잔치이다.

그런데도 어리석은 사람들은

대부분 굶어 죽는다!

—

온티 매임

제6장

사랑만 있으면
무엇이든 할 수 있다.

사랑은 자신감을 키워 준다

인간에게 일어날 수 있는 가장 무서운 일은 사랑을 잃어버리는 것
이다. 사랑이 있었으면 행복하고 건강하게 살았을 사람도 사랑받지
못해 인생을 망친다.

누구든 살아가기 위해서는 사랑이 필요하다. 수많은 연구 결과 인
간(그리고 동물)의 아기는 태어나는 순간부터 안아 주고 귀여워해 주
고 쓰다듬어 주는 등 사랑을 주어야만 한다고 밝혀졌다. 사랑이 있어
야 건강하고 성숙한 어른으로 자랄 수 있다. 사랑이 없으면 정신적
으로, 육체적으로, 그리고 영적으로 병이 들고 심각한 경우에는 죽
기까지 한다.

또한 사랑받으려는 욕구는 매우 보편적인 것이어서 식물에도 해
당된다는 증거가 있다. 아이오와 대학에서 실시한 연구에 의하면 사

랑의 말을 끊임없이 들려줄 때 식물들의 성장과 반응이 더 좋았다고 한다. 사랑받고 싶은 욕구는 어른이 되어도 사그라지지 않는다. 오히려 그 욕구는 더욱 커지기만 하는데, 이는 사랑이 자신감과 관련 있기 때문이다. 그러니까 상대방이 자신을 어떻게 바라보느냐에 따라 자신감이 생길 수도 있고, 자신감이 떨어질 수도 있다.

온 세계가 하나의 연극 무대이고 각각의 사람들은 배우가 되어 인간의 감정을 연기하고 있다고 하자. 관객들이 '우우' 하고 야유를 보낸다면 어떻게 될까? 남녀 배우들은 잔뜩 움츠러들어 '사람들이 날 싫어해!' 라고 생각할 것이다. 그러나 관객들이 매우 협조적이며 따뜻하고 큰 박수를 쳐 주면 똑같은 배우라도 '사람들이 날 좋아해!' 라고 말할 것이다. 실제로 배우들은 돈과 명예를 떠나 관객에게 사랑받기 위해 연기한다. 아흔이 넘은 밥 호프는 관객의 사랑을 누리기 위해 연기를 계속하는 완벽한 예이다. 그는 경제 공황 이래로 막대한 부를 누렸다.

당신 또한 돈과 명예를 떠나 사랑받기 위해 연기하는 것이다. 당신에게는 정말로 사랑이 필요하다.

사랑에 몰두하면 다른 것을 할 시간이 없다.

사랑은 당신이 가치 있는 사람이라고 속삭인다. 사랑은 당신의 자신감과 자부심을 키워 준다. 자신이 사랑받고 있다는 사실을 알고 있을 때 당신의 능력 발휘는 한계를 뛰어넘는다. 사랑받고 있다는 사실을 미심쩍어하면 당신의 능력은 추락한다.

사업가는 지원을 아끼지 않는 사랑스러운 배우자가 집에 있다고 믿기 때문에 최고의 능력을 발휘하는 것이다. 만일 자신이 의지하던 사랑이 그 자리에 없다는 사실을 갑작스레 알게 되면 높은 성과를 유지하던 그의 능력은 실질적으로 축소되고 만다.

돈은 많이 벌었지만 아내가 자신을 버리려 한다는 사실을 알게 된 남편의 경우를 생각해 보라.

그는 아내의 사랑이 당연한 것이라 여겼다. 사업 성과만 있으면 아내의 사랑을 지킬 수 있고 그 사랑에 대한 보답이 되리라 믿어 왔던 것이다. 그런데 아내가 자신을 버리려 한다? 그의 상황은 갑자기 위축된다. 그는 사랑 없이는 잘 수도, 먹을 수도, 생각할 수도, 일할 수도 없기 때문이다. 그는 몸과 마음에 큰 충격을 입어 제대로 생활할 수가 없을 것이다.

최고의 능력을 유지하기 위해서는 최고의 사랑이 필요하다. 자신이 사랑받고 있다는 사실을 매일 확인받아야 한다. 자기 자신의 가치에 대한 생각을 결정하는 것도 사랑이며, 자신감을 높여 주는 것도 사랑이다.

사랑을 주지 않는 사람들

사랑을 얻으려고 기를 쓰는 사람들이 있다. 사랑은 대단히 보편적으로 요구되는 것이어서 주기도 하고 받기도 하는 것이다. 그런데 그들은 다른 사람들에게 사랑을 요구하기만 하고 자신들은 결코 주지 않는다. 우리가 말하는 사람들이 어떤 사람인지 대강 짐작할 수 있을 것이다. 그들은 이렇게 말한다

"왜 전화 안했어? 네가 전화해 주길 얼마나 기다리고 있었는데."

이런 사람들은 다른 사람이 자신과 얘기하고 싶어한다는 사실에서 사랑의 느낌을 받으려 한다. 당신도 분명 대화에 걸신들린 사람을 만나 본 적이 있을 것이다. 보통 사람들은 대화를 할 때 서로 주거니 받거니 하며 이야기를 나눈다. 하지만 이런 사람들은 자신의 작품이 얼마나 뛰어난지, 자신의 아이들이 얼마나 대단한지, 자신의 값비싼 새 차가 얼마나 멋진지 끊임없이 떠들어대며 대화를 독차지하려 한다.

상대방이 자신에게 푹 빠져 자신의 위세에 감탄하고 있는지 흘깃흘깃 확인하며 이야기하는 그들에게 당신은 갇힌 듯한 답답함을 느낄 것이다.

이 처량한 사람들은 자신감이 너무나 부족하여 당신에게 자신을 존경하라고 명령하다시피해야 하는 사람들이다. 당신이 그들의 요령에 질릴수록 그들은 당신이 사랑을 거두어 버리지 않을까 두려워하며 더욱 열을 낸다. 그것이 지나치게 되면 결국 그들에겐 친구가 하나도 남아 있지 않을 것이다. 충분히 사랑받지 못하면 고통이 뒤따른다. 신경질적인 행동이나 정신병도 사랑이 부족해서 생기는 경우가 많다. 연구에 따르면 신체 질병의 87퍼센트가 사랑을 충분히 받지 못했거나 경험하지 못한 데서 발생한다고 한다.

사랑이 없으면 판단이 흐려진다. 무능력해지고 무기력해진다. 자신감과 자부심이 줄어들고 두려움이 자란다. 사랑을 상실하면 긴장하게 된다. 유일한 치료법이 있다면 더 많이 사랑받는 것이다. 더 많이 사랑받으려면 더 많은 사랑을 줌으로써 사랑의 보편성을 이해하고 실행하도록 자극해야 한다.

6 · 사랑만 있으면 무엇이든 할 수 있다

먼저 사랑을 주어라

참으로 놀라운 것은 사랑받는 일이 그렇게 간단한데도 사랑 과잉에 시달리는 사람들이 그리 많지 않다는 점이다. 세상에는 수억의 사람들이 당신에게 사랑을 주기 위해 기다리고 있다. 그 사랑은 요청만 하면 모두 거저 받을 수 있는 것이다. 당신은 그저 어떤 말로 요청해야 하는 지만 알면 된다. 사랑받고 싶다면 먼저 사랑을 주어라. 삶은 주는 자에게 돌려주고 받는 자에게 돌려받는다.

사랑을 줄 기회를 잃는 것은
사랑받을 기회를 잃는 것과 같다.

사랑을 주려면 자신을 내주면 된다. 사랑이 부족하다고, 사랑을 충분히 받고 있지 못하다고 느끼면 자신을 내주어라. 자신을 내주자마자 당신은 사랑으로 충만해질 것이다. 잭은 최근에 자신의 강연을 들었다는 어떤 사람에게서 카드 한 장을 받았다. 거기에는 이렇게 적혀 있었다.

"내가 당신에게 주는 사랑은 최고입니다. 왜냐하면 내가 먼저 그 사랑을 경험했으니까요."

사람들은 묻는다.

"어떻게 자신을 내어줍니까?"

제일 좋은 방법은 요양원에 가는 것이다. 요양원에 가 본 사람들은 종종 그곳에 있는 환자들이 중풍에 걸려 꼼짝없이 앉아 있는 모습을 보고 깜짝 놀란다. 일단 출입 신청을 한 후 안으로 들어가 환자 가운데 한 사람에게 이렇게 말하라.

"여기 있는 사람들은 누구든지 나를 안아도 된다고 공식적으로 허락받았습니다. 나는 좋은 느낌을 얻으려고 여기에 왔으니 당신을 안아 주고 싶군요. 만일 도움이 필요하면 내가 할 수 있는 일은 무엇이든 돕겠습니다."

당신의 말이 진심에서 우러나왔다면 노인들이 반응을 보일 것이다. 그리하여 당신이 이 노인들과 함께 잠시 이야기를 나누고 일어나려고 하면, 노인들은 당신의 팔을 붙잡고 손에 입을 맞추며 아쉬워한다. 노인들의 눈가에는 눈물이 맺혀 곧 뺨을 타고 흐른다.

당신은 그들에게 자신이 사랑받고 있음을 느끼게 해 주었다. 적어도 그들과 함께 있는 순간만큼은 그들을 생명력 넘치는 인간으로 만들어 준 것이다. 당신 역시 이 모습을 보고 깨달음을 얻고 생기를 되찾을 수 있다. 자신이 사랑을 되돌려 받고 있다는 사실을 직관적으로 알게 되기 때문이다 당신은 자신을 가치 있는 사람으로 '보고' 또 자신을 내줌으로써 자신감도 키울 수 있다. 소박하고 친절하게 행동한 사람으로는 테레사 수녀 버금가는 예가 없다. 그녀는 슬픔과 질병, 어려움에 빠진 사람들의 손을 잡아 주고, 그들을 안아 주고, 편안하게 만들어 주었다.

사랑의 기술

지금까지 본 것처럼 사랑은 당신의 행복을 위해 반드시 필요하다. 사랑은 당신을 지탱해 주고 고무시킨다. 사랑은 당신이 밑바닥으로

가라앉지 않도록 막아 준다. 사랑은 당신의 자신감이 자라도록 돕는다. 당신은 스스로 세운 목표와 목적에 상관없이, 사랑이 충분하지 않으면 일이 제대로 풀리지 않는다는 것을 알게 될 것이다. 사랑에 대한 욕구가 충족될 때만이 삶의 나머지 부분도 균형이 잡힌다.

예수는 말했다. "천국은 내 안에 있다."
이 말에는 사랑이 포함되어 있다.
사랑은 내면에서 우러나온다.

당신은 또 사랑은 조건 없이 주어야 되돌려 받을 수 있음을 알았다. 주면 줄수록 더 많이 돌아온다. 사랑하면 할수록 더 많이 사랑받는다. 우리는 사람들이 원하고, 필요로 하고 또 받아 마땅한 사랑을 얻을 수 있도록 돕기 위해 일곱 가지 사랑의 기술을 개발했다. 이 기술은 당신이 구하고 있는 사랑을 반드시 얻게 해 줄 것이다.

사랑의 기술 1 : 포옹하라

마크와 그의 아내 패티는 전국의 남녀를 대상으로 '포옹에 관한 설문조사'를 실시하여 83퍼센트나 되는 사람이 자라는 동안 하루에 한 번이 못 되는 꼴로 포옹 받았다는 사실을 알아냈다. 그리고 인정하고 싶지 않겠지만 99퍼센트의 사람들이 지금까지 받은 것보다 더 많은 포옹을 받길 원한다. 포옹이야말로 다른 사람과 즉각적으로 사랑을 주고받을 수 있는 완벽한 방법이다. 오하이오주 신시내티에 있는 한 연구소에서 자신감에 대해 연구하는 빌 맥그레인, 딘 맥그레인 박사는 다음과 같은 사실을 발견했다. 심리적으로 '균형' 잡힌 삶을 살기 위해서는 하루에 여러 차례 포옹을 해야만 한다. 그들의 말에 따르면, 현상 유지를 위해서는 적어도 네 번, 성장을 위해서는 열두 번 이상 포옹해야 한다.

#포옹의 금기를 극복하자

그런데 문제는 일반적으로 우리 사회에서는 서로 잘 모르는 사람들, 특히 남자들끼리의 신체 접촉을 금기시한다는 사실이다. 포옹은 전혀 성적인 표현이 아닌데도 불구하고 어떤 사람들은 그것을 정상에서 벗어난 행동으로 생각한다. 그렇지만 우리는 세미나를 열 때마다 참석한 사람들끼리 여러 차례 서로 안아 주도록 권한다. 마크는 캐나다 캘거리에서 했던 강연을 떠올렸다. 5백명 가량 되는 청중의 대부분이 남자였다.

"여러분! 남자는 무조건 강해야 한다는 생각에 빠져 있지 않다면 세미나를 끝낸 후에 나는 여러분 모두와 안고 싶습니다."

강연이 끝나고 마크는 복도에서 사람들을 안아 주었다. 그때 키가 6.5피트쯤 되어 보이는 한 남자가 복도를 따라 나가고 있었다. 마크는 그를 붙들어 포옹하고는 물었다.

"포옹을 좋아하십니까?"

그는 놀란 눈치였다. 마크는 그가 그냥 밖으로 나가고 있었을 뿐 포옹하려는 의도가 없었음을 깨달았다. 바로 그때 그가 말했다.

"당신과 포옹하기 전까지는 관심이 없었어요. 그런데 이제 포옹이 좋습니다!"

일단 금기를 넘어서기만 하면 포옹은 누구나 호응할 수 있는 그 무엇이다. 사람들은 대개 그 같은 제안에 놀라워한다. 하지만 세미나에 참석한 사람들 모두가 한다는 사실 때문에 그 순간에는 거부감이 줄어든다. 포옹이 순간적으로 만들어 내는 친밀감은 따뜻하면서도 즐겁다. 다른 때 같았으면 절대 하지 않았을 사람들도 포옹함으로써 사랑을 주고받는 것을 정말로 마음에 들어 한다.

> 발달한 우리 사회에서 기술의 발달과 균형을 이루려면
> 발달된 신체 접촉이 필요하다.

#적절하게 포옹하는 방법

사람들은 누구나 포옹하는 방법을 알고 있다. 그렇지 않은가?

물론 어떤 식으로든 포옹하는 게 전혀 포옹하지 않는 것보다 낫다는 점은 두말할 필요조차 없다. 따라서 포옹에 옳고 그른 방법이란 있을 수 없다. 하지만 좀 더 좋은 방법은 있다. 몇몇 사람들은 정말로 포옹에 열중할 줄 알기 때문에 최고의 느낌을 주고받는다.

1. 키가 작은 사람과 포옹할 때는 무릎을 구부려라. 키를 낮추는 것이다. 이렇게 하면 예의와 배려의 마음이 표현된다. 그 외에도 키 작은 사람이 마음의 상처를 받지 않도록 한다.

어린이를 안아 줄 때에는 그들 눈높이에서 안아 줘야 함을 기억하라. 아이들의 키에 맞춰 몸을 숙여야 한다. 연구에 의하면, 남자아이

들은 여자아이들이 받는 포옹 횟수의 6분의 1밖에 받지 못한다고 한다. 남자아이라고 차별하지 말고 관대하게 안아 줘라. 남자아이들에게도 포옹이 필요하다.

상황에 따라서는 휠체어를 타는 사람들도 안아 줘라. 사람들은 종종 휠체어 타는 사람들을 무시하고 잊어버린다.

2. 포옹할 때는 마음을 활짝 열어라. 온 마음(인도에서 '마음의 샤크라'라고 부르는 곳으로, 사랑의 에너지가 나오는 부분)을 다해 포옹하고 아낌없이 사랑하라.

포옹이 상대방의 마음속으로 들어가는 길이라고 생각하라.

『사랑은 두려움을 없애 준다 Love Is Letting Go of Fear』의 저자이자 캘리포니아 티뷰론에 있는 태도 치유센터 소장이기도 한 정신과 의사 제리 잼폴스키는 죽어 가는 아이들에게 마음을 열고 서로를 치유하도록 가르친다.

마음을 여는 것은 당신이 사랑을 주고 있고, 자신을 내주고 있음을 말하는 또 다른 방법이다. 물론 그렇게 함으로써 당신 또한 사랑을 받는다.

3. 몸으로 상대를 안은 뒤에는 '눈으로 안는다.' 당신이 안고 있는 상대의 눈을 깊숙이, 그리고 들여다보듯 바라보라. 느낌이 오면 속으로 '고맙습니다. 당신을 사랑합니다'라고 말한다.

상대방과 눈을 잘 맞추는 사람은 별로 없다. 멋지게 눈을 맞춰 다른 모습을 보여라. 당신이 안고 있는 상대의 눈을 통해 그의 영혼을 건드려라. 우리가 부드러운 눈이라고 부르는, 관용과 사랑의 눈으로 바라보라. 다음부터 사람을 볼 때는 부드러운 눈으로 바라볼 수 있도록 연습하라. 그 차이를 느낄 수 있을 것이다. 그리고 이 방법이 가져오는 반응에 주목하라.

> "팔은 안기 위해 있다."
> – 어느 자동차의 범퍼 스티커에서

이런 포옹의 기술을 배워 놓으면 당신에게 더욱 많은 것이 돌아온다. 포옹을 많이 하면 할수록 자신감이 생겨난다. 인간의 삶과 사랑에서 포옹이 얼마나 중요한지를 새롭게 깨달을 수도 있다.

#포옹에 뛰어난 사람들

포옹이 예술의 한 형태라면 많은 예술가들, 특히 포옹을 열심히 연습하여 완벽한 수준에 이른 사람들이 있을 수 있겠다. 우리의 친구이자 『살며 사랑하며 배우며Living, Loving and Learning』의 저자인 레오 버스가글리아 박사는 세계에서 가장 많이 포옹한 사람으로 기네스북에 올라 있다.

그는 종종 세미나가 끝나면 자신과 접촉하고 싶어 하는 모든 사람들을 안고, 사랑해 주고, 관심을 기울여 주고, 얘기를 들어 주고 또 들려줄 준비를 한 채 서 있다. 때로 이런 시간이 6시간이나 지속되기도 한다. 그럼에도 사람들은 순서를 기다린다. 모두 그들이 포옹에 굶주려 있으며, 또 그들의 마음이 포옹의 욕구를 느끼도록 되어 있기 때문이다.

엄마들은 타고난 포옹 선수들이다. 엄마는 아이들이 정말로 기분 좋게 느낄 때까지 안아 주고 사랑해 줄 수 있다. 모든 어른은 다 커버린 아이들이 아니고 무엇이겠는가? 엄마의 포옹은 지금도 어렸을 때만큼이나 필요하다.

#가족들 간의 포옹

지금부터 당신 가까이에 사는 가족 친지들을 매일 안아 주겠다고 마음먹어라. 포옹에 관해 실험하는 것이라 설명하고 30일간 실험 대상이 되어 달라고 하라. 30일째가 되면 당신과 그들은 영원히 포옹하며 살게 될 것이다.

연구에 의하면 포옹은 아이들의 언어 발달과 지능지수에도 긍정적인 영향을 미친다고 한다. 포옹은 안는 사람과 안기는 사람에게 상당한 변화를 일으키며 또 치유와 치료를 가능하게 하는 이점이 있다.

#두려워하지 말고 포옹하라

사람들은 포옹을 하면 좋은 기분이 들고 외로움이 달아나며 두려움을 극복할 수 있다는 사실을 직관적으로 알고 있다. 그러므로 절친한 친구들뿐만 아니라 다른 사람들과도 포옹해야 한다. (나는 아직도 어느 여인이 내게 다음과 같이 말했던 것을 기억한다. "믿을 수가 없어요. 하지만 내가 정말 지독히 미워했던 사람을 정말로 안아 줬어요!")

포옹은 성적인 것이 아님을 기억하라.

다른 사람을 안는 것은 성적인 표현이 아니라 인간이 갖고 있는 사랑의 표현이다. 또한 사랑과 포옹의 표현은 오랜 전통을 갖고 있는 데, 마크의 스칸디나비아계 조상들이 사용한 후가hugga(영어는 hug)라는 노르웨이 말이 바로 '끌어안고 위로해 준다' 는 뜻이다.

#반드시 허락을 구한 다음에 포옹하라.

어떤 사람들은 어렸을 때 혹은 성인이 되어서 성적으로나 육체적으로 심한 학대를 받아 다른 사람과의 포옹이 두렵고 자극적일 수 있다. 그러니 먼저 허락을 구하는 것이 언제나 최선의 방법이다. 허락을 구하면 아마 99퍼센트의 사람들이 포옹을 해도 좋다고 대답할 것이다.

두려워하지 말고 포옹하라.

하루에 열두 번씩 하라. 우리가 공항을 지날 때 우리에게 배운 학생들이 종종 우리는 발견하곤 그 자리에서 포옹을 하는데, 정말로 즐겁고 기분 좋은 일이다.

포옹이 필요할 때는 두려워하지 말고 요청하라.

포옹에 대한 인식이 높은 부모들은 아이에게 안정감이 필요하다고 느낄 때 먼저 '나 좀 안아 줄래' 하고 말한다. 그러면 아이는 기꺼이 부모를 안아 줄 것이다. 이때 더욱 중요한 것은 그러면서 아이도 포옹을 받는다는 것이다. 이렇게 하면 아이들이 정신적으로나 정서적으로 새롭게 재충전되어 열린 마음을 가지고 성장할 수 있다.

사랑의 기술 2 : 사랑을 담은 쪽지를 보내라

사랑의 쪽지를 보내라. 사랑의 쪽지는 받는 사람을 놀라게 하고 흥분되게 한다. 그것은 다른 사람에게 사랑의 마음을 전하는 훌륭한 방법이다. 사람들은 쪽지를 받으면 마음이 한껏 따뜻해지고 사랑을 느끼며 그 사랑을 돌려주지 않고는 못 배긴다.

사랑의 쪽지는 사랑을 잊고 있는 때에도 사랑이 흐르게 한다. 상대방이 시간을 들여 글을 쓸 만큼 자신에게 관심을 갖고 있다는 사실을 깨달으면 특별한 감정이 솟아난다.

#언제 사랑의 쪽지를 보낼까

할 수 있다면 언제든지 보내라.

사랑의 쪽지를 보내기에 제일 좋은 때는 상대방이 짐 싸는 것을 도와줄 때이다. 호주머니나 지갑, 가방 혹은 신발 속에 쪽지를 숨겨라. 받는 사람을 깜짝 놀라게 해 줄 수 있는 곳에 쪽지를 두어라. 세미나에 참석했던 한 여자가 사랑의 쪽지를 보내는, 재미있고 새로운 방법에 대해 얘기한 적이 있다. 그녀는 남편에게 자신이 사러 가야 할 식료품 목록을 불러 주면서 받아 적으라고 했다. 남편이 목록을 다 받아 적자 그녀는 그것을 가지고 식료품을 사러 갔다.

전부 열네 가지 항목이었는데, 열세 번째에다 남편이 '섹스!' 라고 써넣은 것을 발견했다. 그녀는 그 때문에 긴장이 풀렸고 자지러지게 웃었다. 그때 가게 지배인이 와서 물었다.

"도와 드릴 거라도 있나요?"

그녀가 대답했다.

"아뇨. 남편이 벌써 도와주겠다고 약속한걸요!"

우리가 아는 어느 엄마는 자신의 열네 살짜리 딸에게 가로 3센티미터 세로 5센티미터의 포스트잇 쪽지를 매일 남긴다. 딸이 아침에 쪽지를 발견하도록 화장실 거울에 붙이기도 하고, 가끔은 도시락 가방이나 교과서에 붙여 주기도 한다. 그녀는 매일 한 장의 쪽지를 쓴다.

쪽지의 내용은 대개 이런 것이다.

'엄마는 너의 재치를 좋아한단다.'

'어젯밤에 엄마를 도와 개를 돌봐 줘서 고맙구나. 덕분에 엄마 일이 훨씬 쉬웠단다.'

'네가 이 세상에 나와서 엄마는 정말 기쁘단다. 널 생각할 때마다 엄마는 마음속으로 활짝 웃지.' 어느 날 엄마는 자신의 헤어드라이어를 찾으러 딸의 방에 들어갔다가 딸이 문 뒤에다 붙여 놓은 50장 가까이 되는 쪽지를 보았다. 엄마가 써 준 것 가운데 자기 맘에 드는 쪽지를 골라 붙여 놓고 방을 나설 때마다 자신이 얼마나 사랑받고 인정받고 있는지 시각적으로 떠올렸던 것이다. 정말로 멋진 방법이다. 어떤가? 당신도 오늘 밤부터 이 방법을 써보지 않겠는가?

사랑의 쪽지와 편지들은 보너스처럼 모아 두라. 언젠가는 다시 꺼내어 쳐다보기만 해도 그것들이 불러일으키는 추억을 소중히 간직할 수 있을 것이다.

#중요한 사랑의 쪽지

참으로 중요한 사랑의 쪽지들이 있다. 바로 사랑받지 못하는 사람들에게 보내는 쪽지이다. 당신을 잘 보살펴 준 선생님, 멀리 혹은 외로이 군에서 복무하고 있는 친구, 그리고 오늘날 심각한 문제가 되고 있는 인생의 황혼기에 외롭게 자신을 돌보고 있는 나이 든 부모와 조부모한테 이 사랑의 쪽지는 매우 소중하다.

나이 든 분들은 보통 집에서 숨을 거둔다. 사망 진단서에 특별한 병명이 오를 수도 있지만, 대개는 한결같이 심장마비로 죽는다. 친구들은 이미 대부분 죽었을 것이고 주위에 남아 있는 연고자도 거의 없다. 한밤중에 잠이 깨면 문은 굳게 닫혀 있고 불도 꺼져 있어 외로움에 휩싸이기 십상이다. 그들은 더 이상 아무도 자신들에게 관심을 두지 않는다는 듯 사람에서 비껴 나 있다. 바로 이런 때 할아버지 할머니들은 한 달 전에 받아 이미 스무 번도 더 읽어 보았을 편지를 다시 끄집어낸다. 아들 혹은 딸이 무엇을 하고 있고, 손자들은 무엇을 좋아하는지, 그리고 비록 6개월 후지만 언제쯤 찾아올 계획인지, 이런 것들이 적혀 있는 편지를 다시 한번 읽어 보는 것이다.

그들을 얼마나 사랑하는지 적혀 있는 한 장의 편지, 여러 차례 다시 읽고 생각하며 애지중지한 탓에 눈물 자국이 나왔고, 다 해져서 테이프를 붙여 놓은 이 편지 때문에 그들은 밤을 보내고 다음날을 맞을 수 있다. 다행스럽게도 부모님이 아직 살아 계시다면 부모님께 사랑의 쪽지를 써라. 부모님이 안 계시면 과거에 도움을 주었던 친척이나 어른들에게 편지를 보내라. 구두점이나 문법, 철자나 구문은 걱정하지 않아도 된다. 읽는 사람은 그런 데에 신경 쓰지 않는다. 그들은 분명 당신의 뜻을 알아줄 것이다.

사랑은 내줌과 용서라는 두 가지 측면을 가지고 있다. 존 브래드쇼는 '용서란 강한 사랑의 선언' 이라고 가르친다. 두 종류의 편지를 모두 써서 자신의 마음과 감정을 치유하라.

사랑의 쪽지를 쓰는 데 오랜 시간이 걸리지는 않는다. 24시간 중에서 길어야 2, 3분이다. 그럼에도 받는 사람들은 크게 고마워하기 때문에 당신은 아주 많은 것을 되돌려 받는다.

얼마 전, 마크가 아내와 함께 거품 욕탕에 들어앉아 있을 때였다.

그녀가 말했다.

"당신이 사람들에게 사랑의 쪽지를 쓰라고 말하는 것을 수십 번쯤 들었어요. 그래서 어제는 나도 쪽지를 썼지요."

마크의 아내와 장모의 허락을 받아 여기에 '손수건 네 장은 족히 적실' 그 사랑의 쪽지 한 대목을 싣는다. 이 쪽지는 우리가 말하려 하는 바를 우리가 하는 것보다 더 잘 보여 주고 있다.

> 엄마에게
>
> 엄마를 사랑한다고 말씀드리고 싶어요. 아니, 그보다 엄마한테 사랑을 느꼈던 내 어린 시절의 추억을 말씀드리고 싶어요. 내가 세 살밖에 안 됐던 어느 날 잠에서 깼던 기억이 나요. 침대는 무척 큰데 나는 아주 작았죠. 나는 침대에서 미끄러져 나와 엄마가 나를 위해 만드는 팬케이크와 음식 냄새를 따라 부엌으로 갔어요. 그리고 엄마가 거기에 서 있는 걸 보았지요. 그때 난 엄마를 아주 많이 사랑한다는 걸 알았어요. 사랑해요.
>
> 패티가.

사랑의 기술 3 :
사랑하는 사람과 가까이서 시간을 보내라

우리 두 사람은 아내와 꼭 붙어 있기를 좋아한다. 우리는 둘 다 세계를 돌아다니며 세미나를 하기 때문에 일 년에 25만 마일은 비행기를 탄다. 그리고 그 중의 약 3분의 1은 아내와 함께 비행기를 탄다.

그럴 때마다 우리는 아내와 꼭 붙어 있다.

정말이지 당신이 어디에 있는지는 문제가 안된다. 가까이 꼭 붙어 있는 행위는 사랑을 주고받는 따듯하고 애정 어린 표현이다. 그리고 그것은 가끔 예상치 못한 보답으로 돌아오기도 한다. 우리가 아내와 비행기를 타면 승무원이 종종 신혼부부냐고 물어 온다. 그러면 대개 '맞아요' 하고 대답한다.(실제로 우리는 언제나 금방 결혼 한 것 같은 느낌을 받는다.) 그 결과 우리는 종종 공짜 샴페인 한 병씩을 받는다! 얼마나 재미있는 선물인지!

만일 함께 꼭 붙어 있을 사람이 없으면 곰 인형과 붙어 있어 보라. 그것이 너무 유치하며 어른으로서 할 짓이 못 된다고 생각한다면 드라마 〈야전 병원M·A·S·H〉의 마지막 편 얘기를 들려주겠다. 그 마지막 편은 역사상 어떤 드라마 시리즈보다 많은 사람이 보았다. 거기에 보면 레이다 오릴 리가 자신의 곰 인형을 끌어안고 있다. 그리고 주위 사람들은 그에게서 곰 인형을 뺏으려 한다. 그들은 이렇게 말한다.

"이봐, 자넨 어른이야. 조그만 허깨비를 가지고 놀기엔 너무 커."

하지만 레이다는 그들보다 더 많은 것을 알고 있었다. 그는 사랑을 받을 필요가 있었다. 하지만 기회가 없었다. 그에게는 나이와 상관없이 곰 인형이 필수적이었다.

우리는 주말에 열리는 장시간의 세미나에 10개나 20개의 곰 인형을 가져간다. 그러나 놀랍게도 일요일이 되면 누가 끌어안고 있든지 간에 전부 다 쓰인다.

사랑의 기술 4 : '사랑한다' 고 말하라

우리 사회에서는 사랑이 섹스라는 뜻을 함축하고 있기 때문에 다른 사람에게 곧장 걸어가서 '당신을 사랑합니다' 라고 말할 수 없다. 사람들이 당신의 동기를 미심쩍게 생각한 결과 매정하게 무시해 버릴 수 있기 때문이다.

하지만 '사랑한다' 고 말할 수 있는 다른 방법들은 얼마든지 있다.

한 가지 훌륭한 방법은 말에 부드러움과 애정을 담는 것이다. 데일 카네기 과정을 수료한 사람들은 그가 언제나 나쁜 소식을 전하기 전에 먼저 긍정적인 말을 하라고 권했음을 알고 있을 것이다. 이는 긍정적인 말이 사랑에서 비롯되기 때문에 다른 사람에게 나쁜 소식을 전하거나 행동을 고치라고 얘기할 때에도 상대를 공격하거나 상처 주려는 것이 아님이 드러난다는 것이다. 이 주제를 담고 있는 우스개 이야기가 하나 생각난다.

그녀와 남편 사이에는 두 아들이 있었다. 어느 날 끔찍한 사고가 일어나 그녀는 남편에게 전화를 해야 했다. 나쁜 소식을 전하기에 앞서 긍정적인 말을 하라는 교훈을 들은 여자는 그것을 실천하기로 마음먹었다.

"여보, 우리 예쁜 두 아들 알죠?"

남편은 그녀가 무슨 말을 하려는 걸까 궁금해하면서 안다고 대답했다. 그녀가 말을 이었다.

"글쎄, 두 아이 중에 하나는 나무에서 안 떨어져 팔이 안 부러졌지 뭐예요! 다행이지요?"

#말할 때는 사랑스럽게

낯선 사람에게든 가까운 친지에게든 부드럽게 애정을 담아 말을 하면 그들에게 사랑을 전하는 것이다. 그러나 불행하게도 이것은 규칙이라기보다 예외인 경우가 더 많다.

우리는 여행을 많이 다니기 때문에 식사와 3분의 2를 식당에서 해결한다. 식당에서 우리는 분명히 결혼했음직한 남녀가 함께 식사하는 모습을 자주 본다. 당신은 그들이 사랑해서 결혼했을 것이라 생각하기 때문에 둘 사이의 관계가 얼마나 길었냐와는 상관없이 그들의 눈과 움직임, 말속에 사랑이 묻어 있으리라 짐작할 것이다.

하지만 우리는 그들이 거친 말과 비판으로 서로를 괴롭히는 모습을 종종 본다. 그들의 말은 서로를 찌르는 칼과 같다. 그들의 관계는 사랑하는 사이에서 싸우는 사이로 변했다. 그런 사람들을 볼 때마다 몇 마디의 사랑스러운 말만 있으면 모든 상황을 바꿀 수 있다는 생각이 떠나지 않는다. '사랑해' 라는 말은 한때 두 사람 사이에 타올랐던 사랑을 다시 불붙이기에 충분하다.

사람들은 당신의 말로 당신을 평가한다. 당신의 말이 흠잡을 데 없이 정직하고 사랑으로 가득 차 있으면 다른 사람들이 그 말을 듣고 몇 곱절의 열매를 맺어 되돌려준다.

> 당신이 삶을 대하는 방식 그대로 삶이 당신을 대하리라.

긍정적인 태도로 사람들과 얘기하다 보면 당시에는 전혀 알지 못

했던 보답을 받기도 한다. 이 사실을 우리에게 일깨워 준 사람은 우리의 좋은 친구 알 사이저이다.

오레곤주 포트랜드에 사는 알은 어느 금요일 날 아침, 한 주간 사업을 잘했으므로 스스로에게 보답을 해 주고 싶었다.(특별히 잘 해냈다고 생각하는 일이 있으면 곧장 자신에게 보답해 줄 것을 권한다.)

포트랜드에는 데이지라는 훌륭한 식당이 있다. 알은 그곳에 가기로 마음먹었다. 그러나 도착해 보니 테이블에 앉으려는 사람들이 이미 반블록이나 줄을 서 있었다. 하는 수 없이 알은 그냥 카운터에 앉았다. 알의 옆에는 매우 움츠린 행동을 하며 방해받고 싶어 하지 않는 과묵한 남자가 앉아 있었다. 알은 그에게 말을 걸었다. 처음에 알을 꺼리던 그 남자는 놀라울 정도로 활기차고 남자다운 성격을 가진 알 앞에서 마침내 마음의 벽을 허물었다.

그들은 거의 두 시간 가까이 함께 식사를 했고, 약속 시간이 되어 알은 그 자리를 떠났다. 그 남자와 명함을 주고받긴 했지만 다시 만나리라고는 생각지도 못했다.

다음주 수요일, 예의 그 남자가 눈에 눈물이 그렁그렁 맺힌 채 알의 사무실에 찾아왔다. 알이 자신의 생명을 구했다는 것이다. 물론 알은 어리둥절했다. 그가 자신의 이야기를 털어놓았다.

그들이 함께 아침 식사를 하던 날 아침, 그 남자는 막 의사를 만나고 오는 길이었다. 엑스레이 결과, 그는 죽음이 가까워 올수록 극렬한 고통이 따르는 불치병에 걸렸다는 통보를 받았다. 그는 자살을 하기로 마음먹었다. 그리고는 마지막으로 근사한 식사를 하기 위해 데이지 식당에 갔다. 거기서 우연히 알을 만났는데, 알이 너무나 친근하고 긍정적으로 이야기한 나머지 그는 생을 마감하지 않겠다고, 자신에게 남겨진 몇 달이라는 시간을 아내와 아이들에게서 빼앗지 않겠다고 결심했다. 그런데 문제의 수요일 아침, 그는 다시 의사에게 갔다가 어찌 된 일인지 엑스레이가 바뀌었다는 사실을 알게 되었다. 결장結腸이 꽉 찬 것일 뿐 생명을 위협하는 병이 아니었다. 그는 알이 그곳에 없었다면 자신은 죽었을 것이라며 훌쩍거렸다. 알겠는가? 당신의 친절한 말 한 마디가 다른 사람에게 어떤 의미를 주는지 절대 다 알 수는 없다.

사랑의 기술 5 : 사랑이 담긴 행동을 하라

사람들은 모두 말보다 행동이 중요함을 알고 있다. 누군가에게 '당신을 사랑합니다' 라고 해 놓고 진심이 아니었음이 빤히 보이는 행동을 한다면 그 속내가 드러나고 만다. 그러므로 무슨 일이든지 말과 행동을 일치시키는 것이 중요하다.

이것을 완벽하게 보여 주는 예는 미국 최초이자 가장 위대한 백만장자이며 자선사업가였던 앤드루 카네기에 얽힌, 오래전의 실화이다.

뉴욕의 비 내리는 어느 날, 옷차림이 허술한 노부인이 비를 피해 백화점으로 들어가 도움을 청했다. 그러나 부인의 옷에서 물방울이 뚝뚝 떨어지고 있었고 돈도 한 푼 없어 보였기 때문에 아무도 관심을 기울이지 않았다.

하지만 한 판매사원만은 예외였다.

"사람이 와서 모시고 갈 때까지 의자에 앉아 계세요."

그리고 그는 부인을 위해 택시를 불렀다. 부인은 그곳을 나서면서 그에게 말했다.

"젊은이, 젊은이의 이름과 주소를 종이에다 꼭 좀 써 주지 않겠어요?"

그는 부인에게 자신의 이름과 주소를 써 주었다.

다음날, 이 부인의 아들인 앤드루 카네기가 그 가게에 전화를 해서 자신이 막 사들인 스코틀랜드의 성에 넣을 가구 일체를 사고 싶다고 말했다. 앤드루는 또 그 젊은 판매사원이 모든 판매를 담당하고 수수료를 받았으면 좋겠으며, 뿐만 아니라 그가 스코틀랜드까지 동행하여 가구 설치를 도와주었으면 한다고 말했다.

지배인은 놀라움을 감추지 못하며 그 청년은 경험이 부족하기 때문에 수년간 일해 온 자신이 이 방대한 일을 맡는 게 어떻겠느냐고 물었다.

카네기는 이렇게 답했다.

"어머니가 그러시는데, 그 청년은 어머니가 어떤 분인지 모르고 친절을 베풀었다고 했소. 이는 그가 사람과 사업을 이해하고 있다는 것이오. 나는 그가 이 일을 맡아 모든 수수료를 받았으면 좋겠소. 돌아와서 그가 일을 맡아했는지 확인해 보고 그렇지 않으면 다시는 당신네 가게와 거래하지 않을 것이오."

사랑은 받기 위해 주어야 하는 유일한 것이다.

그 청년은 친절한 행동을 통해 인간적인 사랑을 보여 주었다. 그리고 그에 대한 보답이 몇 곱절로 돌아왔다. 당신이 어떻게 행동하느냐에 따라 당신을 보는 사람들의 생각이 달라진다. 사랑으로 행동하면 풍성하게 사랑을 되돌려 받을 것이다.

사랑의 기술 6 : 웃으며 살자

자신을 내주는 놀랍고도 간단한 방법 가운데 또 하나는 미소 짓는 것이다. 당신의 미소는 보는 사람들에게 깊은 영향을 줄 수 있다. 미소는 태양과 같다. 미소는 하루 온종일, 때로는 온 인생을 밝혀 주는 힘을 가지고 있다.

데일 카네기(앤드루 카네기가 아닌)는 대공황 시절, 뉴욕에서 경험한 미소에 얽힌 이야기를 우리에게 들려줬다. 그때 그는 상황이 너무 안 좋아 침체 상태에 빠져 있었다. 그는 이것으로 끝이라고 생각하고 강에 몸을 던져 목숨을 끊으리라 결심했다. 강으로 가려고 건물을 나서자마자, 다리 없이 스케이트보드 위에 앉아 있던 한 남자가 큰소리를 그를 불렀다. 그 남자는 분명 가난하고 절망적인 처지였지만 미소를 지으며 카네기에게 말했다.

"선생님, 연필 필요하지 않으십니까?"

카네기는 1달러짜리 지폐를 꺼내어 그 남자에게 주고는 계속 걷기 시작했다. 그 남자는 스케이트보드를 굴려 그의 곁을 따라오며 소리쳤다.

"보세요, 선생님! 연필을 안 받으셨는데요."

카네기는 그에게 손을 내저으며 말했다.

"나는 연필이 필요 없습니다."

그 남자는 두 블록이나 따라오면서 연필을 받든지 돈을 돌려받으라고 계속해서 권했다. 카네기가 놀랐던 것은 그 남자가 따라오는 내

내 웃고 있었다는 점이다. 마침내 카네기는 연필을 받았고 더 이상 자살하고 싶은 생각이 없어졌다. 그는 나중에 이렇게 말했다.

"다리가 없어도 웃을 수 있는 그 남자를 보고 나에게도 살아야 할 이유가 생겼습니다."

미소 하나가 그의 인생을 바꿔 놓은 것이다.

우리는 언제나 당신에게 미소 지을 것을, 특히 모르는 사람들에게 미소 지을 것을 권한다. 미소는 당신을 기분 좋게 한다. 웃음이 사람들에게 얼마나 큰 영향을 미치는지 당신은 모를 것이다. 엘리베이터 안에서도 미소를 지어라.

한 가지 실험해 보자. 엘리베이터를 타고 올라갈 때 묵묵히 정면을 바라보는 대신 뒤돌아서서 미소를 보내라. 사람들은 정말로 경계심을 늦춘다. 게다가 당신이 꽤 오랫동안 미소 짓고 있으면 무엇 때문에 그렇게 행복해하는지 궁금해진다.

당신의 미소는 생각 이상으로 많은 보답을 가져온다. 다른 사람의 하루를 밝게 만들었을 뿐만 아니라, 누군가가 당신을 대신하여 그와 똑같은 일을 할 것이기 때문이다.

사랑의 기술 7 : 또 다른 사랑의 기술들

그 외에도 너무나 자명하여 굳이 설명이 필요 없는, 또한 당신이 끊임없이 실천해야 하는 사랑의 기술들이 있다.

계속해서 눈을 마주친다.

손을 잡는다.

진심으로 상대방의 이야기를 들어 준다.

누군가와 함께 있을 때는 그 순간에 완전히 몰입한다.

긍정적인 가사가 담긴 사랑의 노래를 듣는다.

언제나 자상함과 애정을 보인다.

마음을 열고 자연스럽게 행동한다.

옷차림을 단정히 하고 몸을 깨끗이 씻으며 좋은 냄새가 나게 한다.

꽃을 선물한다.

직장 일과 집안일, 여가 시간을 함께 나눈다.

아침에 일어날 때 입을 맞추고 저녁에 잠들기 전에 입을 맞춘다.

유머 감각을 가진다.

즐거운 마음을 유지한다.

참된 사랑

풍성한 사랑을 얻으려면 먼저 자신을 내주어야 한다는 사실을 이번 장에서 배웠기 바란다. 다른 사람을 사랑하라. 그러면 사랑이 몇 배로 되돌아올 것이다.

마지막으로 이 위대한 진리를 보여 주는 가장 감동적인 예를 하나 들겠다.

린다 버티쉬는 문자 그대로 자신을 내어준 사람이다.

린다는 시간만 나면 그림을 그리고 시를 짓고 싶어한, 뛰어난 선생이었다. 그런데 그녀는 스물여덟 살에 지독한 두통을 앓기 시작했다. 의사는 그녀의 머리에 커다란 종양이 자라고 있음을 발견했다. 수술을 해서 그녀가 살아남을 가능성은 2퍼센트 안팎이었다. 의사는 곧장 수술하지 않고 6개월을 더 기다리기로 했다.

그녀는 자신에게 예술적 재능이 있음을 알고 있었다. 그녀는 남은 6개월 동안 열정적으로 글을 쓰고 그림을 그렸다. 그녀의 시는 하나를 제외하고는 모두 잡지에 실렸고, 그녀의 그림도 하나만 빼고는 유명한 화랑에 전시되어 팔려 나갔다.

6개월이 지난 후 그녀는 수술을 받았다. 그녀는 수술 전날 자신의 몸을 내주기로 결심했다. 죽음을 대비해서 유서를 썼고, 몸의 부분부분을 필요한 사람들에게 기증하겠다고 약속했다.

불행하게도 린다의 수술은 성공하지 못했다. 곧이어 그녀의 눈은 메릴랜드주 베데스다에 있는 안구은행으로 보내졌고, 다시 거기에서 사우스캐롤라이나에 사는 한 수혜자에게 갔다. 이로써 스물여덟의 한 청년이 암흑에서 광명을 되찾은 것이다. 그 청년은 너무나 고마워 안구은행에 감사의 편지를 보냈다. 안구은행이 3만 번이 넘게 안구를 내주고도 겨우 두 번째 받는 '감사'였다.

그 청년은 기증자의 부모에게도 감사하고 싶었다. 자식의 눈을 기증하도록 허락한 부모는 정말이지 훌륭한 사람들일 것 같았다. 그는 스태튼 아일랜드에 사는 버티쉬 가족을 만나러 갔다.

그는 자신이 간다는 사실을 미리 알리지 않고 그곳에 도착하여 현관의 초인종을 눌렀다. 버티쉬 부인은 그의 이야기를 듣고 그를 꼭 안아 주었다. 그녀가 말했다.

"이봐요, 청년. 묵을 곳이 따로 없다면 주말을 우리 부부와 함께 보냈으면 좋겠군요."

꿈을 도둑맞은 사람들에게

그 집에 머물게 된 그는 린다의 방을 둘러보면서 그녀가 플라톤의 책들을 읽은 사실을 알았다. 그도 점자로 된 플라톤 책들을 읽은 적이 있었다. 린다는 또 헤겔을 읽었고 그도 점자로 된 헤겔을 읽었다.

다음날 아침, 버티쉬 부인이 그를 보며 말했다.

"있잖아요, 청년을 전에 어디선가 본 것 같은데 어디서 봤는지 모르겠군요."

갑자기 그녀의 '내적 자각'이 촉발되었다. 부인은 위층으로 달려가 린다가 그렸던 마지막 그림을 꺼냈다. 그것은 린다가 상상으로 그린 이상형의 초상화였다.

아마 몇몇 독자들은 '20/20'이라는 TV 프로그램에서 이것을 본 기억이 날 것이다. 실제로 그림은 그 청년과 똑같았다. 그리고 버티쉬 부인은 린다가 임종 자리에서 쓴 마지막 시를 읽었다.

한밤에 지나치던 두 가슴이
사랑에 빠지면
서로에게 멀어 버린 눈을 되돌릴 수 없으리.

완벽한 당신의 반쪽을 만나면

당신은 금세 그 사람이

내가 찾던 사람이라는 사실을

깨달을 것이다.

—

칼릴 지브란

제7장
결혼과 가족이 주는
즐거움을 만끽하라

결혼과 가족 관계

우리가 즐겨 하는 이야기 한 토막을 들어 보라.

한 남자가 죽어서 하늘나라에 갔다. 진주 대문에 이르자 문이 두 개로 갈라져 왼쪽 문 앞에는 한 사람만이 서 있고, 오른쪽 문 앞에는 수만 명의 사람들이 줄을 서 있었다. 이를 이상히 여긴 남자가 가까이 다가가 보니 왼쪽 문에는 '바가지 안 긁히는 남편용' 이란 팻말이 달려 있었고, 오른쪽 문에는 '바가지 긁히는 남편용' 이란 팻말이 달려 있었다.

남자가 왼편에 홀로 서 있는 사람에게 물었다.

"거기 서서 뭐하고 있는 거요?"

그가 대답했다.

"우리 마누라가 여기 서 있으라고 했는데요."

결혼 생활에 관한 농담들은 결혼 제도만큼이나 오래되었다. 당신이 결혼과 함께 그에 따르는 전형적인 문제들을 선택하든 그렇지 않든 결혼은 처리해야 할 문제이다. 지난 몇 년간, 성공했다는 많은 사람들이 독신이나 그 외의 다른 생활 방식을 선택하여 이 문제를 해결해 왔다. 그러나 우리가 보기에는 삶을 함께 나눌 이상적인 '반쪽'을 찾는 것이 자신을 만족시키는 최고의 방법이자 가장 자연스러운 방법이다.

누구나 같은 방식으로 살아야 한다는 것은 아니다. 하지만 우리는 결혼 생활이 많은 이점을 주며 결혼 생활이야말로 지금까지 사람들이 추구해 왔고 앞으로도 추구할 것이며 또 추구해야 하는 것이라고 생각한다.(따지고 보면 사람들이 결혼을 해서 아이들을 낳지 않았다면 당신이나 우리가 존재했겠는가?)

우리는 어떤 식으로든 결혼과 가족에 대해 물음을 던져야 하며 자신만의 만족스러운 대답을 찾아야 한다고 생각한다. 그렇지 않으면 이 문제에 대해 필요 이상으로 에너지를 쓰게 된다. 즉 당신의 목적과 주된 목표들을 이루는 데 써야 할 시간과 자원을 빼앗기는 것이다. 삶의 균형을 잡으려면 이 문제를 먼저 해결해야 한다.

이상적인 '반쪽'은 어떻게 찾을까

대다수의 사람들은 젊은 시절에 이상적인 배우자를 찾기 시작한다. 이는 결혼을 하고 가족을 이루기 위한 전주곡에 해당되는데, 몇 안 되는 운 좋은 사람들은 이런 탐색을 짧고 쉽게 끝내기도 한다.

하지만 많은 사람들은 그 기간이 길고 때로는 어렵다. 인생의 후반기가 되어도 이상적인 반쪽을 찾지 못한 사람들이 많고, 절대로 못 찾는 사람들도 몇 있다.

우리는 이번 장에서 이처럼 이상적인 배우자를 찾는 일이 어려운 이유, 그리고 때로는 실패하는 이유를 알아보고자 한다.

몇 년 전까지만 해도 우리는, 결혼이라는 축복은 두 반쪽이 만나 온전한 하나를 이룰 때 완성된다고 믿었다. 실제로 많은 사람들이 이런 식으로 자신의 반쪽을 찾아 돌아다녔다.

그러나 오늘날 이와 같이 반쪽과 반쪽이라는 개념을 지지하는 사람은 거의 없다. 그것이 사실이 아니라는 점을 깨달았기 때문이다. 모든 사람은 완전한 동그라미처럼 온전하다. 당신이 특별한 사람을 만나면 함께 더 커다란 원, 그러니까 더 큰 잠재력을 가진 원을 이루는 것이다. 이렇게 당신의 탐색은 당신이 함께하고, 나누고, 성장할 수 있는 온전한 사람을 향한 것이다.

이상적인 배우자를 찾는 법

누구든 이상적인 배우자를 만날 자격이 있다. 하지만 그런 사람을 만나기 위해 신중하게 전략을 짜는 사람은 대단히 드물다. 앞에서 설명한 기법은 이때에도 유용하다. 우선 자신이 바라는 배우자 상을 적어라. 그 사람의 가치, 미덕, 성격, 특징과 지질들을 모두 적는 것이다. 자세하고 빠짐없이 적도록 하라. 타협하면 안 된다. 단, 배우자를 찾고 있는 다른 사람과 공동으로 적는 것은 괜찮다. 공동의 노력을 기울이다 보면 좀 더 분명한 결과를 만들 수 있다. 대도시에 사느냐 작은 마을에 사느냐는 아무 상관이 없다. 행동이 있으면 결과가 생긴다.

배우자 상을 글로 적었을 때 생기는 이점은 허술한 선택을 막아 준다는 것이다. 즉 상대가 이성 친구가 없다는 이유만으로 선택하는 '모집 광고 후유증'을 방지한다.

시골 치과에서 경리로 일하는 예순일곱 살의 어떤 부인은 마크의 충고를 귀담아들었다.

"효과가 있을 거라 인정한다면 해 보지 않으시겠습니까? 적어도 시도해 볼 가치는 있습니다."

그 부인은 자신이 기대하는 이상적인 배우자의 성격을 아주 세세하게 적었다. 그리고 시각화했고 나타날 거라 확신했다.

당연한 일이지만, 며칠이 지나자 전화 통화는 해 보았어도 만난 적은 없었던 치과 재료 공급자가 로맨틱한 쪽지를 보내 오기 시작했다. 명세표 세 장에 몇 줄 안 되는 순수한 구애의 문장을 적어 보내는 것이었다. 기분이 좋아진 부인은 사장이 이런 사랑의 낙서를 눈치채지 않기를 바라면서 친절하게 답장을 보냈다. 그 사랑의 쪽지들은 부인의 가슴을 뛰게 만들었다. 새로운 생명력과 기운이 마음속에 흐르기 시작했다.

어느 날, 치과에 긴급하게 필요한 재료가 생겼다. 부인은 로맨틱한 쪽지를 주고받던 그 글 친구에게 전화를 걸어 재료를 인편으로 갖다 달라고 했다. 부인은 그가 '일흔두 살에 불과하고' 사귀는 사람이 없다는 것, 그리고 자신과 결혼하고 싶어 한다는 사실을 알게 되었다. 부인은 대단히 기뻐하며 말했다.

"좋아요! 결혼하겠어요."

그들은 지금까지 행복한 결혼 생활을 유지하고 있다. 그리고 여전히 사랑의 쪽지와 추억을 적어 서로에게 건네고 있다.

적고, 시각화하고, 자기 확신을 가지면 당신도 가능하다.

다음은 글렌나 솔즈베리의 감동적인 이야기이다.

글렌나의 사진첩

1977년, 나는 어린 세 딸과 함께 혼자 사는 엄마였고 갚아야 할 집세와 자동차 할부금 그리고 다시 한번 불을 붙이고 싶은 몇 가지 꿈이 있었다.

어느 날 저녁 나는 한 세미나에 참석해서 강연자가 얘기하는 I × V = R 원리(상상력Imagination에 생생함Vividness이 결합되면 현실Reality이 된다는 원리)에 대해 들었다. 그는 마음이 글이 아닌 그림으로 사고한다고 지적했다. 그리고 원하는 바를 마음속에 생생하게 그리면 그것이 현실로 나타난다고 말했다.

이 개념은 내 마음속에 있는 '자각'을 촉발시켰다. 나는 하나님이 '우리 마음의 소원'(시편 37 : 4)을 이루어 주신다는 것과 '대저 그 마음의 생각이 어떠하면 그 위인도 그러하다'(잠언 23 : 7)는 진리를 알고 있었다.

나는 글로 적어 놓은 기도 목록을 가져다가 마음으로 그려 보리라 결심했다. 오래된 잡지들에서 '내 마음의 소원'에 해당하는 그림들을 잘라 모으기 시작했고, 그것들을 값비싼 앨범에 정리해 놓고 열렬히 이루어지기를 기다렸다.

나는 아주 구체적으로 사진을 모았다.

1. 잘생긴 남자.

2. 웨딩드레스를 입은 여자와 턱시도를 입은 남자.

3. 결혼식 꽃다발.(나는 로맨틱한 사람이다.)

4. 예쁜 다이아몬드.(나는 하나님은 다윗과 솔로몬을 사랑하셨는데 그 둘
   이 역사상 가장 부자였음을 합리화했다.)

5. 눈부시게 푸른 카리브 해의 섬.

6. 사랑스러운 집.

7. 새 가구들.

8. 큰 기업의 부사장이 된 여자.(나는 여성 간부가 없는 회사에서 일하고 있
   었다. 그 회사의 첫 번째 여자 부사장이 되고 싶었다.)

약 8주 후, 나는 오전 10시 30분에 일 생각에 몰두한 채 캘리포니아 고속도로를 달리고 있었다. 그런데 어디서 빨간색과 흰색이 배합되어 잘 빠진 캐딜락이 나타나 나를 추월했다. 차가 아주 예쁜 탓에 나는 그 차를 바라보았다. 운전자가 나를 보고 웃었고 나도 늘 하던 대로 웃어 주었다.

나는 큰 어려움에 빠지고 말았다. 나는 쳐다보지 않은 척했다. 당신도 그랬던 적이 있는가?

"누구, 나요? 난 당신 안 쳐다봤어요!"

그는 15마일을 따라왔다. 나는 무서워 죽을 지경이었다. 내가 몇 마일을 더 가자 그도 몇 마일을 더 따라왔고, 내가 차를 세우자 그도 차를 세웠다. 마침내 나는 그와 결혼했다!

첫 데이트를 하던 날, 짐은 내게 여러 송이의 장미를 보내왔다.

나는 그에게 재미있는 취미가 있다는 사실을 알았는데, 그는 다이아몬드를 모으고 있었다. 그것도 아주 큰 것들을 말이다! 또 그 다

이아몬드로 누군가를 꾸며 주고 싶어 했다. 나는 자원자로 나섰다!

우리는 약 2년간 데이트를 했다. 그동안 나는 매주 월요일 아침마다 줄기가 기다란 붉은 장미와 사랑의 쪽지를 받았다.

결혼하기 약 3개월 전에 짐이 내게 말했다.

"신혼여행에 안성맞춤인 장소를 찾았어. 카리브 해에 있는 세인트존 섬이야."

나는 웃으며 말했다.

"난 생각지도 못했는데."

내가 나의 사진첩에 얽힌 진실을 털어놓았던 때는 짐과의 결혼 생활이 거의 1년이 다 되었을 무렵이었다. 그때 우리는 멋진 새 집으로 이사해서 내가 마음속으로 그렸던 우아한 새 가구들은 들여놓을 예정이었다.(짐은 동부 최고의 가구 제조업자를 담당하는 웨스트 코스트 도매상이 되었다.)

결혼식은 캘리포니아 라구나 해변에서 치렀고 웨딩드레스와 턱시도를 입는 것도 현실이 되었다. 꿈의 사진첩을 만든 지 8개월 뒤에 나는 일하던 회사에서 인사 담당 부사장이 되었다.

어쩌면 이 이야기가 동화처럼 들릴 수도 있다. 하지만 진실이다. 짐과 나는 결혼한 이후에도 많은 '사진첩'을 만들어 왔다. 하나님은 믿음이라는 강력한 원리가 작동하는 모습을 증명하며 우리의 삶을 채워 주셨다.

삶의 모든 영역에서 당신이 원하는 것이 무엇인지 결정하라. 그리고 그것을 생생하게 마음속으로 그려라. 그리고 나서 원하는 것을 이루기 위해 성취해야 할 개인적인 목표를 만들어 그에 따라 행동하라. 이 간단한 실행만으로도 당신의 생각은 구체적인 현실로 변모할 것이다. 불가능한 꿈이란 없다. 그리고 기억하라. 하나님은 자녀들에게 마음의 소원을 이루어 주신다고 약속했다.

당신이 원하는 바로 그 사람을 찾아라

특정한 사람 누가 아니라 그 자질을 구해야 한다. 정서적으로 미성숙한 사람이나 톰 셀렉, 톰 크루즈, 해리슨 포드, 파라 포 세트, 줄리아 로버츠 같은 영화배우들을 원한다.

당신이 그런 유명인과 결혼할 가능성은 거의 없다. 사실 또 그런 유명인은 당신이 원하는 이상적인 배우자의 자질을 전혀 갖추지 못했을 수도 있다. 대신 감수성, 의리, 정직, 야망, 융통성과 같이 당신이 원하는 가치와 미덕을 구하라. 물론 당신에게 중요하다면 외모를 포함시켜도 된다.

이런 유형의 경험을 다룬 흥미진진한 이야기를 보려면 『갈매기의 꿈Jonathan Livingston Seagull』의 저자인 리처드 바크가 쓴 『영원 위로 놓인 다리Bridge Across Forever』를 읽어 보라고 권한다.

이 책에서 리처드는 이상적인 배우자를 찾았다. 그녀는 그가 바라던 바와 정확히 일치했다. 하지만 그는 자신이 그토록 꿈속에서 그려왔던 사랑을 얻을 만한 자격이 있는지 믿을 수가 없었다. 게다가 '그녀가 정말 내가 바라던 여자인가?' 라는 질문에 얽매여 있었다. 그는 자신의 진실한 사랑, 레슬리 패리쉬 바크를 놓칠 뻔했다.

결국 그는 이 문제 때문에 자신과 화해해야 하는 고통을 겪었지만 오늘날 그녀와 행복한 결혼 생활에 푹 빠져 있다.

마크가 패티를 만났을 때

원하는 사람의 자질을 글로 쓰고, 시각화하고, 자기 확신을 가졌다고 하자. 정말로 자신에게 딱 맞는 사람을 만나면 그를 알아볼까? 당연하다. 마크의 경험이 이 사실을 증명하고 있다.

> 평생 지속되리라는 믿음이
> 사랑을 지속시키는 것이다.

나는 이상적인 배우자를 만나기 몇 년 전에 그녀가 갖추고 있어야 할 자질들을 적어 두었다. 그녀는 지적이어야 하고 쾌락을 절제할 줄 아는 행복주의자여야 했다.

패티를 만날 무렵, 나에게는 진지하게 사귀던 여자도 있었다.

패티는 교회 앞에서 내가 남부 캘리포니아 전역에 홍보하고 있던 벅민스터 풀러 집회의 표를 팔고 있었다. 나도 그 예배에 참석했는데, 사람은 많고 에어컨은 부족하여 땀에 절은 채 그대로 앉아 있을 수밖에 없었다.

패티는 내가 처한 문제를 눈치채고는 땀에 젖은 윗도리를 친절하게 벗겨 주었다. 나는 속으로 이상한 여자라고 생각했다. 여자들은 대개 '으, 땀이잖아!' 하고 불쾌해하는데, 그녀는 그렇지 않았다. 그저 나를 도와주고 싶어 하는 마음뿐이었다.

집회를 마친 뒤 우리는 가까운 공원을 거닐었다. 갑자기 한 무리의 나비들이 우리에게 날아왔다. 마치 패티가 그것들을 불러들인 것

같았다. 내뻗은 그녀의 손바닥에 불빛이 하나 있는 듯했다. 그녀는 또 나에게 난생처음으로 나무를 안아 보게 했다. 그러자 그녀의 지시에 따른 것이 분명한, 벌새 한 마리가 우리의 얼굴 바로 앞에서 헬리콥터처럼 퍼덕거리기도 했다. 나는 그녀가 아카미^{Akami} 여인이라고 생각했다. 아카미란 실제로 사물을 끌어모으는 사람을 가리키는 하와이 토속어이다.

그녀는 헌팅턴 해변과 뉴포트 해변 사이를 달리는 자전거 여행에 함께 가지 않겠느냐고 제안했다. 장엄한 태평양을 따라가는 멋진 자전거 여행이었다. 그녀는 여행을 떠나기 전에 나에게 자신이 살고 있는 집을 보여 주었다.

나는 여행을 아주 많이 다니기 때문에 집을 무척이나 중요시한다. 집은 그 안에 사는 사람을 반영한다. 나는 그녀의 부엌 천장에 그려진 머리 위로 떠다니는 듯한 구름과 새들에게 끌렸다. 그래서 나중에 똑같은 주제의 그림을 거실 벽에다가도 그렸다.

패티는 자전거 여행에서 장엄하면서도 세밀하게 내 마음을 열어 주었다. 나는 당황스럽기도 하고 놀랍기도 했다. 나는 1968년에 인도에서 어느 구루^{guru(영적 스승 : 옮긴이)}의 발치에 앉아 마음이 열리는 경험을 뜻하는 샥티빠^{shaktipat}를 기다린 적이 있었다. 그때 나는 다른 제자들이 배우던 것을 이해하지 못 했다.

그런데 이 자전거 여행에서 갑자기 마음이 열리는 느낌을 받은 것이다. 나는 그 깨달음을 전수받았다. 31년간 그 같은 느낌을 받아 본 적이 없었는데 패티가 내 마음을 열었다.

내가 또다시 그런 느낌을 받은 때는 내 아이들, 앨리자베스 데이와 동생 맬라니 도온이 태어났을 때였다. 나는 두 딸의 출생을 기념하여 분만실에서 목욕을 시켜 주었다. 그것은 마치 우리 두 사람의 마음을 하나로 묶는 사랑의 레이저 광선 같았다. 내 말을 믿어도 좋다. 이상적인 배우자를 만나면 의심의 여지없이 느낌이 온다. 당신은 스스로 깨달을 수 있다.

결혼식을 자주 올려라

얼마 전에 아내와 내가 프랑스 제과점에서 신선한 빵을 사고 있을 때 점원이 물었다.
"두 분은 늘 이렇게 함께 다니십니까?"
패티가 대답했다.
"네, 영원히요."
점원은 즐겁게 웃고 우리를 축하해 주며 말했다.
"요즘 그런 일은 드물지요."
일단 이상적인 배우자를 찾았으면 정기적으로, 그러니까 일 년 단위로 사랑의 서약을 재확인하라. 어떤 사람들은 이런 생각을 비웃기도 하지만 이것은 결정적일 만큼 중요하다. 그렇게 함으로써 당신은 결혼을 결심하게 된 이유들을 다시 떠올리게 되고 신혼의 낭만과 흥분을 되살릴 수 있다. 새로 알게 된 친구들과 옛 친구들을 초대하라. 그리고 결혼식 행사를 비디오에 담아라. 아이들이 생겼다면 그들도 행사에 참석하게 하라.
아내와 나는 결혼기념일이면 늘 다시 식을 올린다. 수백 명의 사람들에게 청첩장을 보내고, 사랑의 서약을 쓰고, 목사님 앞에서 즐겁게 식을 올린다. 그것은 감동적이고 눈물나는 행사이다. 우리는 결혼식을 올릴 때면 언제나 훨씬 더 풍성한 미래를 기다린다.

> '좋을 때나 나쁠 때나' 상관없이 결혼 생활을 하지 말라.
> 오직 '좋을 때'만을 기대하며 결혼 생활을 하라.

다음은 마크가 했던 첫 서약 내용이다. 당신이 사랑의 서약을 적으려는 중이라면 부족하나마 다음의 내용을 참고하기 바란다. 다음은 마크가 했던 첫 서약 내용이다.

나는
더 많은 사랑,
더 많은 로맨스, 환희, 활력,
더 나은 삶,
더 많은 빛, 사랑, 웃음,
더 건강한 삶,
더 부유한 삶,
더 많은 즐거움, 축복, 행복,
더 많은 영혼의 성장,
그리고 내 아내 패티의 성장과 지원을 바라며,
93년 동안
이 맹세를 되새길 것을 약속하며
결혼식을 올리려 합니다

다음은 잭과 조지아의 서약이다.

하나님과 가족, 친구들 앞에서 나는 당신을 사랑한다고 선언합니다. 당신은 나의 연인이자 친구이며, 당신을 나의 남편으로 선택합니다.

나는 당신과 함께 내 능력이 닿는 데까지 하나님의 뜻을 행할 것을 맹세합니다.

나는 당신과 함께 내 생각을 최대한 높고 정결하게 가질 것을 맹세합니다. 나는 이 땅 위에서 우리 두 사람의 참된 모습과 목적을 끊임없이 상기할 것을 맹세합니다.

나는 내 능력이 닿는 데까지 아내에게 정직하고, 두려움 없이 진실을 따르며, 함께 나누고 듣고 바라볼 것을 맹세합니다.

나는 당신이 내게 어떤 모습을 보일지라도 당신에게서 최고의 능력과 참된 속성을 가진 하나님을 보려고 노력할 것을 맹세합니다.

나는 우리의 결혼이 영혼의 결혼이며, 당신을 통해 그리고 당신과 함께 하나님과 결혼하는 것임을 맹세합니다. 내 사랑의 표징이자 맹세의 보증으로 이 반지를 당신께 드립니다.

이제 인생 여정 속에서 당신과 성스러운 하나가 되었으니, 당신과 함께하며 당신을 도울 것을 맹세합니다. 또한 당신을 받아들이고 나는 이제 당신을 사랑하고 지원하며, 우리가 가진 모든 것에 감사하고, 영원히 사랑하며 살아갈 것을 맹세합니다. 결혼 생활에서 무엇을 기대하든 당신은 그것을 찾을 수 있다. 그러니 영원히 깊어 가는 사랑, 로맨스, 영적 성장과 즐거움을 기대하라.

그리고 매년 신부, 목사, 랍비 혹은 판사 앞에서 다시 결혼식을 올려라. 인간의 수명은 예전보다 더욱 길어졌고 예전보다 더 많은 자극과 영향을 받고 지내므로 서로에게 다시 헌신하는 것이 중요하다. 다시 결혼식을 올릴 때는 우리처럼 하라. 잔치를 열고 많은 친구들을 불러 모아라. 마크는 친구들에게 자신의 딸 엘리자베스와 맬라니가 태어났을 때처럼 자신과 패티의 결혼 생활이 매년 변모하고 있음을 사랑스럽게 보여 주는 사진 청첩장을 보낸다. 그리고 이 성스럽고 가슴 따뜻한 행사를 기념하기 위해 훗날 '사랑스러운 추억'을 떠올릴 수 있도록 청첩장을 액자에 넣어 따로 마련한 벽에 걸어 둔다.

그들에게는 93개의 액자를 걸 수 있는 공간이 있다. 지금 걸려 있는 14개의 액자는 그들이 점점 성숙해 가고 있음을 보여 준다. 우리는 당신에게 결혼 생활의 사랑스럽고 멋진 면을 더욱 넓히고, 기억하고, 재정립할 수 있도록 이 방법을 사용하라고 권한다. 사랑에 집중하면 더 많은 사랑을 얻는 것이 당연하다.(이혼을 계획해 보면 그 사실을 깨닫게 된다.)

우리는 역사상 결혼과 관계에 대해 심도 있게 연구한 첫 세대이다. 결혼 상담이라는 영역이 생긴 지는 채 50년이 못 된다. 어떤 유형의 결혼 생활이 좋은지 찾아내어 당신의 결혼 생활을 특별하게 만들어라.

관계가 진실이라는 살아 있는

예술 형식이 되려면

언제나 혼돈의 가장 자리에서 모든 것을

새롭게 다시 바라보아야 한다.

램 다스

아이는 어떻게 키울 것인가

이상적인 배우자를 찾았든 그렇지 않든 아이는 키워야 한다. 아이는 당신의 가장 큰 기쁨일 수도 있지만 당신의 에너지를 모조리 뽑아가고 당신의 삶을 박살 낼 수도 있다.

대단한 인기를 누리고 있는 시트콤에서 클리프 헉스터블 박사로 나오는 빌 코스비는 '완벽한 아빠'라는 우리의 이상이 생생하게 구체화된 예이다. 그는 매주 완벽한 아버지는 어떻게 행동해야 하는지 보여 준다. 당신이 부모인데, 아이 키울 때는 명령조의 훈계가 필요하다고 생각한다면 〈코스비 쇼〉의 본은 따를 필요가 없다.

그러나 우리는 개인적으로 그 프로그램을 무척이나 좋아한다. 그 안에 담긴 관계 회복의 가치를 매우 신봉하여, 자라나는 우리 아이들 앞에서 그 가치들을 다시 보고 배우기 위해 거의 전편을 비디오테이프에 담아 보관해 두었다.

매일같이 기쁨을 안겨 주는 아이들을 낳아 키우기 위해서는 대화의 기술이 관건이다. 아이들은 선반에 보관해 두는 물건이 아니다. 살아서 숨 쉬고, 생각하고, 감정을 표현하는 인간이다. 아이들과 지속적으로 가까운 대화를 나누면 아이들뿐만 아니라 당신의 자신감도 커진다. 아이들은 당신의 에너지를 뽑아 가지 않고 오히려 더해 줄 것이다.

문제는 보통의 부모들이 아이들의 눈을 깊이 들여다보며 진실된 대화를 나눌 수 있는 시간이 절대적으로 부족하다는 사실이다. 평균적으로 일주일 168시간 가운데 하루 12.5분 정도 밖에 의미 있는 대화를 나누지 못한다. 이는 특히 아이들이 십 대가 되어 버린 경우에 더욱 심하다. 십 대 아이들을 둔 부모들은 이렇게 말한다.

"아이들이 나랑 얘기하고 싶어 하지 않아요."

그들은 텔레비전을 같이 보면서도 마음을 터놓지 않는다. 이미 그런 대화 방식이 굳어졌기 때문이다. 마음속 레이더를 이용하라. 깊이 있는 대화를 나누는 가족을 찾아 그들의 방식을 배우라. 또 자신만의 훌륭한 예를 만들어라. 어릴 때 대화하는 법을 가르치지 않으면 자라서는 더 힘들다. 하지만 나이와 상관없이 시도는 해야 한다. 당신이 마음을 열고 정직하게, 그리고 당신이 가진 권위의 허상을 밀어놓는다면, 그리고 그들의 관점에서 사물을 바라보려고 한다면 십 대마저 마음을 열어 보일 것이다. 아이가 어리면 훨씬 더 쉽다. 분명하게 얘기하고 가르칠 수 있다. 우리는 아이가 어렸을 때 함께 쇼핑을 가서 가게에 있는 물건들을 다 일일이 가르쳐 주고, 가게에 있는 사람들은 소개해 주곤 했다.

사람들이 물었다.

"왜 그렇게 하세요? 걔는 아직 아기잖아요."

우리는 아이들이 자신의 수준에서 그 모든 정보를 섭취할 수 있다고 대답했다. 아이들은 정보를 머릿속에 담아 둘 수 있다.

벤자민 블룸 박사의 말에 따르면 지능지수의 70퍼센트가 네 살 무렵까지 형성된다고 한다. 아이들은 온갖 종류의 정보를 흡수할 수 있고 더 많은 것을 배울 수 있을 뿐 아니라 기억력 수준도 완벽하다. 거의 모든 아이들이 완벽한 정신과 기억력을 갖고 태어난다. 하지만 사람들은 아이들이 무엇을 받아들이고 있는지 짐작조차 하지 못하는 것이 사실이다.

대화를 통해 아이들에게 보다 많은 자극과 긍정적인 태도, 세상에 대한 정보들을 알려 주면 아이들, 궁극적으로는 그들과 관계 맺고 있는 당신에게 더 나은 결과를 가져온다.

벅민스터 풀러 박사는 다음과 같이 말했다.

"부모의 역할은 [아이들에게] 주어지는 잘못된 정보를 점차 줄여 주는 것이다."

아이들의 자신감은 어디에서 나오는가

아이들이 자신감에 차 있느냐 그렇지 않으냐는 그들을 어떻게 키 웠느냐에 달려 있다. 아이한테 자신감이 부족하다는 것은 부모의 즉 각적이고 세밀한 관심이 요구된다는 징후이다.

아이오와 대학에서 실시한 조사 연구에 따르면 하루에 두 살배기 아이가 듣는 말은 평균 432번의 부정적인 말과 32번의 긍정적인 말 이라고 한다. 14대 1의 비율이다. 오늘날 수많은 아이들이 무기력하 고 자신감이 부족하다고 느끼는 것이 전혀 이상할 게 없다.

전국적인 통계로는 미국 젊은이들 가운데 겨우 35퍼센트만이 대 단한 자신감을 갖고 있다고 한다. 세 사람 가운데 한 명 꼴이다!

다음은 미국의 가정에서 흔히 들을 수 있는 부정적인 규칙과 부정 적인 메시지로서 찰스 휫필드 박사가 자신의 책『아이의 내면 치료 Healing the Child Within』에서 정리한 내용이다.

부정적인 규칙	부정적인 메시지
감정을 표현하지 마라	부끄러운 줄 알아라
화를 내지 마라	넌 마음에 안 들어

분하게 생각하지 마라

울지 마라

내 행동을 따라 하지 말고
내 말대로 해라

착하고 친절하고 완벽하게 행동해라

갈등은 피해라
(혹은 갈등의 해결을 피해야 한다)

자신의 생각이나 의견을
말하지 말고 지시에 따르라

공부를 잘해라

질문하지 마라

가족을 실망시키지 마라

좋은 모습만 보이고 불평하지 마라

내 말을 거스르지 마라

늘 단정하게 보여라

나는 언제나 옳고
너는 언제나 틀리다

항상 감정을 자제해라

너를 낳지 않았으면 좋았을 텐데

네가 필요해도 난 못해

그렇게 생각하면 안 돼
너는 정말 멍청해(나빠 등등)

어서 커서 어른이 되어라

네가 이러이러하면
널 사랑하지 않을 거야

스스로 할 줄 알아야지

남자답게 행동해라

다 큰 아이는 울면 안돼

착한 아이처럼 굴어라

너 때문이야

우리 덕인 줄 알아

물론 우린 널 사랑해!

난 널 위해 희생하고 있어

네가 어떻게 나한테 이럴 수 있니?

부정적인 규칙	부정적인 메시지
알코올중독자의 음주(혹은 다른 문제가 있는 사람의 행동)를 잘 봐줘라	너 때문에 미치겠어
음주(혹은 다른 문제 행동)가 문제의 원인이 아니다	넌 제대로 하는 게 없어
언제나 현 상태를 유지해라	그런다고 눈 하나 깜짝하지 않아
우리 가족은 모두 뛰어나야 한다	넌 너무 이기적이야
너 때문에 내가 못 살아	약속할게(하지만 약속을 깬다)
그건 사실이 아니야	우리는 아들(딸)을 원했는데
너한테 질렸어	

　자신감 문제의 해결은 그리 어렵지 않다. 당신의 자녀 중에 십 대나 그 또래의 아이가 있다면 적어도 한 번은 900번 음성 정보 서비스 때문에 속을 썩은 적이 있을 것이다. 900번으로 전화를 하면 음성 정보를 듣는 대신 분당 50센트에서 2달러 사이의 전화 요금을 내야 한다.

　심리학자들은 많은 아이들이 이 번호로 전화를 하는 이유가 자신감 부족에 있다고 말한다. 아이들이 스스로를 부정적으로 생각하기 때문에 자신보다 낫다고 생각되는 사람의 말을 들으려고 전화를 한다는 것이다. 어떤 집은 수백 달러의 전화 요금이 나와 부모가 전화

요금을 물기도 한다.

아이가 자신감 때문에 문제에 부딪치면 부모인 당신은 아이의 긍정적인 변화를 위해 적극적으로 노력해야 한다. 처음부터 조치를 취하지 않으면 가출, 약물 사용, 임신과 같이 수년 동안 당신의 삶을 뒤흔들어 놓을 일이 벌어질지도 모른다.

아이한테 자신감을 심어 주는 제일 쉬운 방법은 아이가 따라 할 수 있도록 자신감의 형태를 구체화시켜 주는 것이다. 아이한테 따를 수 있는 모범이 생기면 자연히 그에 맞게 자신의 모습을 형성시킨다.

바로 이런 이유 때문에 우리는 매년 부모와 십 대 자녀들이 참석하는 주요 세미나를 개최하는 것이다. 이 자리에서 십 대들은 부모가 살아 있는 사람들이며 욕구와 감정이 있는 인간임을 배운다. 만일 이런 과정에 조금이라도 의문이 생긴다면 덴마크의 우화 작가인 한스 크리스찬 앤더슨의 이야기를 기억하라.

어느 왕에게 등이 굽은 다섯 살 난 아들이 있었다. 왕은 아들의 굽은 등을 바로 펴 주기 위해 한 가지를 제외하고는 아들과 똑같은 동상을 세웠다. 그 동상은 등이 곧고 올바른 자세를 갖추고 있었다. 왕은 이 동상을 아들의 놀이 공간에 놓고 아들이 얼마나 건강하고 행복하며 고귀하게 보이는지 자연스럽게 얘기했다. 그는 또 아들이 자라서 왕이 되면 나라를 다스릴 만한 지혜와 이상을 갖게 될 것이라고 말해 주곤 했다.

아들은 자라면서 점차 등이 곧게 펴졌다. 시간이 지나서 동상처럼 큰 키와 바른 자세를 가지게 되었다. 아들에게는 따를 수 있는 완벽한 모범이 있었기에 그 일이 쉬웠던 것이다.

사람들은 모두 마음의 눈으로 보는 정신적 동일화 대상을 본받게 되어 있다.

아이들에겐 칭찬이 필요하다

　십 대 미만의 아이들에게 자신감을 키워 주는 또 다른 방법은 칭찬하는 것이다. 하지만 직접적으로 칭찬하면 아이들은 일부러 하는 말이라고 생각하고 들으려 하지 않으므로 정말로 효과를 보려면 아이가 듣고 있을 때 다른 사람에게 칭찬해야 한다.

　마크의 어머니는 마크에게 자신의 말을 엿듣게 하는 데 선수였다. 그녀는 마크에게 직접 말하는 것이 아무 소용없다는 사실을 알고 있었다. 마크는 어머니가 친구들에게 "우리 아이들은 어디에 내놔도 남부럽지 않아"라고 말하는 것을 들었다는데, 아마도 어머니와 이웃들이 공모를 했던가 보다. 마크는 이렇게 말한다.

　"그래서 나는 어디에 내놔도 남부럽지 않은 아이로 자라겠다고 마음먹었고 그렇게 되었죠. 우리 형제들(자매는 없구요)은 모두 훌륭한 가족 구성원이자 사업가, 또 사회에 이바지하는 사람이 되었어요. 효과가 있었던 거지요."

결혼과 가족의 문제를 정면으로 바라보라

　이상적인 배우자를 찾고 가정을 이루는 문제는 개개인이 해결해야 한다. 우리는 누구나 할 것 없이 정면으로 부딪쳐 그 문제를 해결하라고 권하고 싶다. 당신이 이상적인 배우자를 찾고 있다면 목표를 적고 시각화한 후 확신을 가져라. 가족과 함께 있다면 아이들과 대화를 나누고, 자신감을 심어 주고, 시간을 들여 십 대와 청소년기를 잘 이끌어 주어라.

　당신이 적극적으로 노력한다면 곧 즐거운 삶으로 보답받을 것이다. 자신감을 갖고 균형 잡힌 삶을 살기 위해서는 이상적인 배우자를 만나 행복한 가정을 꾸리는 것이 가장 좋다.

　삶이 온전하면 좋은 추억과 사랑하는 사람들이 생긴다. 호스피스 운동이 가르치는 바와 같이, 당신이 위엄과 품위, 즐거움과 평온함을 품고 삶을 마감하고자 할 때 당신 곁에서 당신을 사랑하고 당신의 손을 잡아주는 사람들은 큰 위안이 된다.

"벌 수 있는 만큼 벌고,

모을 수 있는 만큼 모으고,

투자할 수 있는 만큼 투자하고,

줄 수 있는 만큼 주어라."
——

존 웰레슬리 목사

제8장
자유롭게 살려거든
부자가 되라

부_富는 자유를 창조한다

당신은 절대적인 부를 얻을 수 있다!

당신은 당신이 원하는 만큼의 돈과 그 이상의 것을 가질 수 있다.

앞으로 당신은 당신이 과거에 누렸던 것보다 훨씬 더 많은 즐거움과 성공과 돈을 얻을 수 있다. 이를 위해 필요한 것은 적합한 마음 상태를 유지하는 것뿐이다. 부는 마음이 만들어 낸다. 원리는 간단하다. 마음을 부유한 삶으로 향하게 하고 그 상태를 유지하는 것이다. 목표를 적고, 시각화하고, 규칙적으로 자기 확신을 가지며, 적절하게 행동하면 이것을 이룰 수 있다. 돈은 적은 것보다 많은 것이 낫다. 천천히 모으는 것보다 빨리 모으는 편이 낫다.

돈을 삶에서 여러 가지 선택을 가능케 한다. 돈은 새로운 종류의 자유를 만들어 내고 가난이라는 노예 상태를 끝내 준다.

이에 대해 이의를 제기할 사람은 없으리라 생각한다. 그러므로 누구든지 물어야 할 질문은 이것이다.

'어떻게 돈을 벌 수 있지?'

'부는 어디에서 시작되지?'

'어떻게 돈이 솟아 나오는 구멍을 찾지?'

부유해지기를 원한다면 어디에서든 출발해야 한다는 것을 안다. 하지만 어디에서부터 출발할 것인가? 대답은 간단하다. 부는 반짝이는 아이디어에서 시작된다. 자신도 부를 누릴 수 있음을 확신하고, 기회가 왔을 때 부를 얻고 받아들이겠다고 자신을 설득하라. 그리하여 부에 대한 긍정적인 태도를 가지게 되었으면 거기에 생명과 형태를 불어넣어라.

두 번째 전제 조건은 아이디어가 반드시 긍정적이어야 한다는 점이다. 긍정적인 아이디어란 무엇인가?

1971년 무렵, 마크가 첫 번째 사업을 시작했을 때 그는 친구 모 시겔과 함께 콜로라도 주의 보울더에 있었다. 둘 다 낙천적인 에너지로 가득했던 그들은 '다리미' 라고 부르는 곳에 올라가 석양을 바라보곤 했다.

모는 언제나 씨앗과 풀을 주우면서 말했다.

"언젠가는 립스톤에 맞서는 잎차 회사를 세울 거야."

주위 사람들은 언제나 "그럼, 물론이지" 하고 대답했다.

그는 소량의 잎차를 건강식품 가게에 팔기 시작했다. 그리고 점차 사세를 확장하더니 오래지 않아 미국의 모든 체인에 잎차를 팔게 되었다. 오늘날 사람들은 모두 그의 회사 상표인 셀레스티알 시즈닝 티를 알고 있으며, 그의 회사는 콜로라도에서 가장 큰 기업체 가운데 하나가 되었다. 모가 사업을 시작할 때 돈이 있었는가? 큰 공장이나

창고가 있었는가? 배경이 되는 거대 기업이 있었는가? 부정적인 생각이 있었는가?

아이디어 공책을 만들어라

'열정의 대사'로 알려진, 긍정적 사고의 최고 권위자 아이러 헤이에즈는 모든 것이 아이디어에서 출발한다고 주장한다. 안전핀, 즉석 카메라, 선글라스, 반창고, 자동 식기세척기, 볼펜, 심지어 부자 놀이 게임인 모노폴리까지. 그는 아이디어를 활용하여 열매를 맺는 일은 끝이 없다고 말한다.

그는 '이 주의 아이디어 공책'을 갖고 있으라고 제안한다. 그는 '이 주의 아이디어 공책'으로 쓰기 위해 바인더로 이어지는 페이지에 매년 1부터 52까지의 번호를 매긴다. 그 결과 그는 매년 52가지의 아이디어를 내놓는다. 그는 자신의 마음을 성공적으로 프로그램화하여 지난 30년간 매주 창의적이고 성공 가능성이 있는 아이디어 한 가지씩을 찾아내고 있다. 이것으로 인해 그는 NCR사에서 가장 유명한 사람이자 한 번 들으면 결코 잊혀지지 않는 최고의 강연자가 되었다.

이것은 참으로 좋은 생각이다. 모두 아이디어 공책을 들고 다녀야 한다. 아이디어란 손에 잡히는 것이 아니기 때문이다. 그것은 한순간 마음을 지배했다가 이내 사라진다. 규칙을 만들자면 다음과 같다.

'생각날 때 적어라.'

사업가 정신

지금까지의 말이 사업을 시작하라는 소리로 들렸다면 제대로 따라온 것이다.

이렇게 생각해 보자. 당신이 사업가라면 자신이 가진 긍정적인 아이디어를 현실에 옮길 것이다. 하지만 당신이 다른 사람 밑에서 일하는 월급쟁이이고 그 사람이 아이디어를 가지고 수확을 거둬들인다면, 당신이 아이디어를 갖지 않을 이유가 어디 있는가?

역사적으로 볼 때, 갑부는 대부분 사업가였다. 즉 위험을 감수하고 자기 사업을 운영하는 사람이 부자가 되는 것이다. 그것이 구멍가게이든 컨트리클럽 합작 회사이든 간에 말이다.

오늘날 주목받는 새로운 단어는 '사내 사업' 이다. 사내 사업가는 아이디어를 자신이 다니고 있는 회사에 제공하는 사람이다. 회사는 그 아이디어로 물건을 만들어 팔고 운송하며, 아이디어를 낸 사람에게 총 판매 금액의 일정액을 떼어 준다. 창의적인 재능을 발휘한 사람에게 보상해 주는 것이다.

사내 사업이 성공한 예는 3M의 포스트잇이 대표적이다.

아서 프라이는 서류를 잘 잃어버렸다. 그는 계획적이지 못했고 자신이 쓴 메모를 잘 알아보지도 못 했다. 그가 낸 아이디어로 회사는 떼어낼 수 있는 풀을 발명했다. 그 풀을 쓰면 종이를 어딘가에 붙여 두었다가 곧 떼어 낼 수 있었다. 3M은 1년간의 실험을 거쳐 제품을 시장에 내놓았다. 그게 바로 포스트잇이다.

아서 프라이는 아이디어를 제공한 대가로 평생 동안 총 판매 금액의 1퍼센트를 받기로 했다. 3M은 매년 1억 달러어치의 포스트잇을 팔고 있고, 아서는 아이디어 하나로 일 년에 백만 달러를 벌고 있다.

당신도 똑같이, 아니 더 나은 일을 할 수 있다.

과거에는 아이디어가 있으면 개발과 생산, 유통, 광고 등을 직접 해야 했다. 그러나 오늘날은 회사에 맡길 수 있다. 그래도 돈은 아이디어 제공자에게로 간다.

사람들은 모두 아이디어를 가지고 있다! 평범한 사람도 하루에 백 가지 안팎의 아이디어가 떠오른다고 한다. 그야말로 아이디어 광산이라 할 수 있다.

사람들이 해야 할 일은 많은 아이디어를 적어 두는 것이다. 아이디어를 서류첩이나 컴퓨터에 보관하라. 순서를 매기고, 가장 좋은 아이디어에 집중하며, 열매를 거둬들이고 계속해 나갈 것인지 결정하라.

나머지 아이디어들은 체계적으로, 그리고 계속적으로 성과를 거두기 위해 노력하라. 가장 쉬우면서도 이익이 제일 많이 남는 아이디어를 먼저 실행하라. 현금의 흐름이 생기면 다른 아이디어들도 실행해 볼 수 있다.

아이디어는 널려 있다

한 미용사는 아기를 데리고 차를 탔다가 왠지 안전하지 못하다는 느낌을 받았다. 그녀는 다른 운전자들이 자기 차에 아기가 타고 있음을 안다면 특별히 조심할 것이라 여겼다. 그래서 사람들의 주의를 환기시키고자 작은 스티커를 고안해 냈다. 스티커에는 그저 '아기가 타고 있어요' 라고 적혀 있었는데, 자동차 뒷유리에 붙였더니 놀랍게도 효과가 있었다.

그녀는 즉시 다른 사람에게도 효과가 있으리라 생각하고 J.C.페니 사를 찾아가 아이디어를 팔았다. 그녀도 지금 매달 큰 돈을 벌고 있다.

마크의 고객 가운데 한 사람은 '범죄 추방을 위한 시민들의 모임 Citizens Against Crime'의 설립자이다. 그는 고속도로에서 차가 고장 나는 경우 사고의 위험성이 매우 높다는 데 관심을 기울였다. 범죄 의도가 있는 사람이 도로에 서 있는 사람을 이용할 소지가 있기 때문이다. 그래서 그는 비상시를 대비해 자동차 함에 보관할 수 있는 작은 표지판을 만들었다. 거기에는 '경찰을 불러 주세요' 라고 적혀 있다. 표지판은 한 개 6달러에 팔리고 있고, 그 역시 이에 대한 로열티를 받고 있다. 말했다시피 아이디어는 어디에나 널려 있다. 아이디어는 종종 당신이 하는 일에서 튀어나오기도 하고, 때론 필요에 의해 생기기도 한다.

40년 전, 캘리포니아의 라 졸라에 살고 있는 유명한 의학 연구자의 어머니가 서른 살의 아들을 찾아갔다.

"조나스, 네 동생이 소아마비로 죽어 가고 있단다. 치료약을 만들어 보지 않겠니?

그는 어머니를 쳐다보며 이렇게 말했다.

"어머니, 저는 이제껏 한 번도 그 일이 제 일이거나 저의 책임이라고 생각한 적이 없어요. 하지만 전 동생을 저보다 더 사랑해요. 그 일을 하겠어요." 그는 일주일 내내, 하루 온종일 연구에 정진하여 마침내 솔크 백신을 만들어 냈다.

꿈을 도둑맞은 사람들에게

풍요를 향해 나아가는 12단계

지금까지 우리는 부가 무엇이고 그것이 어떻게 생기는지 이야기했다. 이제 당신에게 부를 이룰 수 있는 12가지 단계를 설명하고자 한다.

1단계-문제에 초점을 맞추지 마라

당신이 온통 문제만을 찾고 있으면 당신이 찾을 수 있는 것은 오로지 문제밖에 없다. 가난에 직면해 있기 때문에 가난에만 집중하고 있으면 더 큰 가난을 얻는다.

가난하다는 것은 가족들의 필요를 채워 주지 못한다는 뜻이다. 자동차 타이어가 터졌을 때 새 타이어를 살 수 없다는 뜻이고, 의료 행위를 제공받을 수 없다는 뜻이다. 자녀의 교육을 재정적으로 뒷받침해 주지 못한다는 뜻이고, 휴가를 갈 수도 명절에 가족들을 보러 갈 수도 없다는 뜻이다.

나폴레온 힐은 자신의 책 『삶은 생각하는 대로 이루어진다Think and Grow Rich』에서 이렇게 말한다.

"부가 찾아올 때는 한꺼번에 몰려오는 통에 당신은 저 힘든 세월 동안 그것들이 다 어디에 숨어 있었나 궁금해지기까지 한다."

2단계-부유한 생각을 가져라

부를 얻고자 하기 전에, 우선 부유하다는 것은 하나의 '태도' 임을 기억하라.

얼마 전에 우리가 사는 캘리포니아에 지진이 났다. 다섯 살배기 리틀조니가 지진이 있고 나서 집으로 뛰어들어오자 엄마가 걱정스럽게 말했다.

"조니, 어디 있었니?"

조니가 대답했다.

"정말이에요, 엄마. 내가 안 그랬어요."

우리가 꼬마 조니 이야기를 하는 까닭은 조니의 태도가 부정적인 방향으로 굳어져 있음을 보여 주기 때문이다. 그는 무슨 일이 일어나든지 야단맞는 쪽으로 길들여져 있었다. 그 일이 비록 지진이라고 해도 말이다. 그러므로 조니는 피하고 싶은 상황을 스스로 만든 것이다.

반면, 올바른 태도는 부를 가져온다. 아만드 해머 의사의 예를 들어 보겠다.

금세기 초 그가 의과대학에 다니던 스물한 살 무렵, 재앙이 그의 가족을 덮쳤다. 그의 아버지 줄리우스 해머 박사는 제약 체인점을 소유하고 있었는데, 어느 날 낙태 수술을 하다가 여자 환자가 사망하는 바람에 고소를 당했다. 그래서 유죄 선고를 받아 감옥에 들어갔다.

아만드는 갑자기 제약회사를 물려받게 되었다. 졸업이 2년밖에 남지 않았지만 학교에 다니는 일은 불가능해 보였다. 하지만 그는 문제에 초점을 맞추지 않았다. 대신 부유하게 살 수 있는 길이 있는지 살펴보았다.

당시는 금주법 시행 무렵이었다. 다음은 그때 떠돌아다닌 유명한 이야기 가운데 하나다.

법정에 끌려온 술주정뱅이한테 판사가 말했다.

"당신은 술 때문에 여기 온 거요."

그러나 주정뱅이는 이렇게 대답했다.

"그래요? 당신만 마실 준비가 된다면 나는 언제든지 좋소이다!"

사람들은 술을 원했고 해머는 진을 밑제조하는 데 생강 팅크액이 필요하다는 사실을 깨달았다. 그는 세계 시장에서 생강 팅크액을 매점하여 2백만 달러를 벌었다. 아이디어 하나로 말이다. 그는 곧 재원을 확보했고 아버지의 재판에 대비해 당시 최고의 변호사였던 루이스 나이저를 고용했다. 아버지는 재판에서 승소했고 감옥에서 풀려나왔다.

하지만 아만드는 여전히 제약회사의 책임자였다. 그는 가게 문을 닫고 집으로 돌아가 저녁 8시부터 새벽 1시까지 공부했다. 또 수업에 참석할 수가 없어서 학생 한 명을 고용해 자신을 대신하여 필기하도록 했다.

연말에 그는 모든 시험에 통과했고 콜롬비아 대학 의과에서 수석으로 졸업했다. 그리고 직원들에게 제약 체인점을 팔아 첫 번째 백만 달러를 벌어들였다.

부를 좇아라.
그러면 필요한 것은 저절로 해결된다.

해머는 의사 일을 시작하고 싶었지만 또다시 역경에 부닥쳤다. 그가 벨레부 병원에서 일하려면 6개월이 지나야 했다.

그 시간 동안 무엇을 해야 할까? 그는 러시아인이자 사회주의자였던 아버지에게서 러시아 사람들이 임파선종 질병으로 죽어 가고 있음을 들었다. 해머는 작은 의료용 마차를 만들어 배와 기차를 타고 러시아로 갔다.

러시아에 도착해 보니 사람들은 임파선종 질병으로 죽어 가는 것이 아니라 굶어 죽고 있었다. 해머는 백만 달러를 들여 러시아에 밀과 선박을 사 보냈다.

이 때문에 그는 레닌의 주목을 받았다. 레닌은 해머를 만나 러시아에서는 곡식을 수확할 트랙터가 필요하고, 더 많은 식량을 가져올 수 있도록 교역을 해야 한다고 말했다.

"의사가 아니라 사업가가 필요하오."

해머는 미국으로 돌아가 헨리 포드를 찾아갔다. 러시아인들에게 줄 트랙터가 필요하다고 하자 포드는 그에게 빨갱이라면서 눈앞에서 꺼지라고 소리쳤다.

보이지는 않지만 눈부신 성공 뒤에는
눈부신 마음의 준비가 있다.

해머는 자신의 숙제를 풀었다. 포드 자동차는 날개 돋친 듯 팔리고 있었지만 개발한 지 얼마 안 되는 트랙터는 잘 팔리지 않았다. 미국의 농부들은 아직 그렇게 비싼 말을 사야 할 필요성을 느끼지 못 했다. 그는 다시 포드를 찾아갔다.

"포드 씨, 당신이 공산주의자들을 싫어한다는 것은 잘 알고 있습니다. 하지만 저는 자유로운 사업가일 뿐입니다. 그래서 당신과 거래를 하려 합니다. 당신이 내게 트랙터 두 대를 팔 때마다 당신에게서 승용차 한 대를 사겠습니다."

포드는 이에 동의했다. 해머는 트랙터를 러시아에 보냈고, 승용차는 다시 팔아 돈을 남겼다. 러시아인들은 트랙터를 사용하여 곡식을 수확했고 국민들을 먹일 수 있었다. 이에 대한 보답으로 해머는 38개의 주요 무역 거래에서 이권을 얻었다. 하나하나가 모두 거액의 가치가 있었다. 그는 억만장자가 되어 갔다.

그런데 다시 역경이 몰아닥쳤다. 스탈린이 등극한 후 모든 이권을 취소하더니 해머에게 24시간 안에 러시아를 떠나라는 명령을 내렸다.

해머는 떠나기 전에 마지막으로 한 가지 부탁을 했다.

"러시아 곳곳에서 수집한 옛 짜르 시대의 미술품을 가져가도 되겠습니까?"

스탈린과 공산주의자들은 그 미술품들을 싫어했기 때문에 그의 부탁을 들어 주었다.

해머가 그 미술품을 가지고 뉴욕에 도착한 때는 경제 공황의 절정기였다. 그는 수집품을 가지고 메트로폴리탄 미술 박물관으로 갔다. 하지만 그들에게는 수집품을 살 만한 돈이 없었다.

그래서 그들은 전시회를 열어 50센트의 입장료를 받고 그와 박물관 측이 반반씩 나누어 갖기로 했다. 해머의 동생 빅터가 물었다.

"지금은 경제 공황 시대야. 미술 전시회를 보러 올 돈이 있겠어?"

"경제가 아무리 어려워도 사람들은 언제나 약간의 돈이 있게 마련

이야. 특히 즐기기 위해서는 말이지."

전시회는 놀라운 성공을 거두었다. 수백만의 사람들이 전시회를 보러 왔다. 스탈린 때문에 몇 주만에 파산했던 해머는 다시 백만장자가 되었다.

한 달 동안 매일 밤 이렇게 확신을 가져 보라.

'내게는 지금 실현 가능한 백만 달러짜리 아이디어가 있다.'

이 같은 긍정적인 자기 암시는 당신의 잠재의식을 자극하여 당장에 적절한 행동을 이끌어낼 것이다. 우리가 아만드 해머의 이야기에 많은 지면을 할애한 까닭은 그가 부를 얻기 위해 태도를 구체화시켰기 때문이다. 이는 우리가 얻어야 하는 가장 큰 교훈이다.

다른 사람이나 세상사, 운은 그의 부를 좌지우지하지 못 했다. 어떠한 일도 그에게 돌아오는 부를 막을 수 없었다. 부는 전적으로 그의 내면에서 나왔으며, 그의 태도에서 비롯되었다. 그는 패배나 낙심을 거절했다. 해머는 수도 없이 환경에 타격을 받았다. 다른 사람들 같았으면 문제에 초점을 맞췄을 것이지만 그는 해결책에 초점을 맞췄다. 그는 자신이 다시 부자가 될 것임을 알았다. 그렇게 하기 위해서는 올바른 아이디어만 모으면 되었다.

해머는 끊임없이 자신이 부자라고 생각했으므로 부자로 살았다. 그는 아흔세 살까지 의사이자 사업가로, 인류의 보물인 미술품 수집가로, 세계에 봉사한 자선사업가로 살았다. 그림이 들어 있는 그의 자서전을 읽어 보기를 권한다.

꿈을 도둑맞은 사람들에게

3단계-어려운 시절에 속지 마라

어려운 시절에 얽힌 오래된 농담을 들은 적이 있을 것이다. '친구들이 실업 상태면 불황이고 자신이 실업 상태면 공황이다.' 그러나 이제 이 말은 믿지 말라.

사람들은 종종 경제에 대한 스스로의 믿음에 갇혀 버리는 경우가 있다. 인플레이션이나 디플레이션 때문에 걱정하면 그 태도가 원인이 되어 실제로 어려움을 겪게 된다.

우리가 이 글을 쓰고 있는 지금은 중서부 지역의 농민들이 특히 어려움을 겪고 있다. 나와 얘기했던 한 농부는 이렇게 말했다.

"요즘 존 디어 트랙터에 계약금을 치를 수 있는 유리한 방법은 얼간이를 고용해서 사기라도 치는 거지!"

잘못된 말은 아니다. 하지만 끔찍한 태도이다. 상황이 아무리 어려워도 당신에게 영향을 미치지 않도록 해야 한다. 당신은 계속해서 활황기를 기대하고 또 만들어 내도록 스스로를 체계화해야 한다. 당신의 마음과 상상력을 불경기든 인플레이션이든 그것에서 벗어나게 하고 뛰어넘을 수 있도록 도와주며 심지어는 번영을 누리게 해 주기도 한다.

경제 불황기 때에는 허리띠를 죄는 것이 정석이다. 하지만 크게 성공하는 회사들은 그렇게 하지 않는다.

빌 매리 웃이 호텔 체인망을 확장한 때는 불황으로 인해 다른 호텔들이 규모를 축소할 무렵이었다. 그는 실제로 그 기간 동안 회사 규모를 두 배로 늘렸다. 그의 철학은 다른 사람들이 인원 감축을 할 때 뛰어난 사람들을 낮은 월급으로 고용하자는 것이었다. 인원 감축이 한창일 때는 어디든 일이 있다는 것만으로 고맙게 여기기 마련이다.

델타 항공사는 불황기에 오히려 비행기 대수를 두 배로 늘렸다. 그리고 직원들에게는 이렇게 말했다.

"여러분 모두가 계속 일할 수 있도록 만들겠습니다."

직원들은 정말로 고마워했고 델타 항공사가 새로 구입한 비행기 값을 지불할 수 있도록 도왔다. 그러니까 어려운 시절이란 마음 상태에 다름 아니다. 당신의 마음 상태를 먼저 바꾸어라. 그러면 경제가 어떻게 달라지든 삶의 질을 바꿀 수 있다.

4단계-돈이 당신을 찾아오도록 하라

너무나 많은 사람들이 1달러를 벌려고 똑같은 일을 반복하면서도 바깥에 있는 수백만 달러는 보지 못한다. 당신이 부자가 되려면 한 가지 사고방식에 갇히지 않는 것이 중요하다.

우리의 경우 갇힌다는 의미는 우리 자신을 그저 강연자이자 저술가로만 생각한다는 것이다. 하지만 돈을 벌 수 있는 기회가 갑자기, 예를 들면 여가 활동에서 생긴다고 생각해 보라.

당신이 만일 '나는 누구인가' 라는 생각에만 갇혀 있다면 밖으로 문을 걸어 잠근 것이나 마찬가지이다. 기회가 당신의 영역 안에 있지 않으므로 기회가 와도 당신은 코웃음을 칠 것이다. 자신의 활동 무대가 점점 풍성해지고 있고 계속 풍성할 것이라고 생각하라. 그 목표를 향해 나아가게 만드는 것이라면 무엇이라도 관심을 기울여야 한다.

> 우리 각자는 온도계이거나 온도 조절 장치이다. 다른 사람의 체온을 재든지 아니면 자신의 체온을 잰다.

온도계가 되지 말고 온도 조절 장치가 되어 자신의 삶에 대한 감정과 느낌, 그리고 삶의 조건들을 어떻게 경험할지 조절하라.

부에 대해 마음을 열고 있으면 기회가 올 것이고, 긁어모으기조차 곤란할 지경으로 돈이 따를 것이다. '부자는 갈수록 부자가 된다' 라는 오랜 속담과 같다. 당신이 부자라고 생각하면 된다.

5단계-나의 부유함은 모든 사람을 더 나은 삶으로 이끈다

어떤 사람은 자기가 다른 사람의 부를 빼앗는 것이라 생각해서 부유해지기를 두려워한다. 그들은 살펴야 할 것이 아주 많다고 생각하는 듯하다. 내가 더 가지면 다른 사람은 덜 가져야 하기 때문이다.

컴퓨터가 대중화되면서 사람들은 혹시나 직업을 잃는 것이 아닌가 매우 두려워했다. 그러나 오히려 컴퓨터 때문에 새로운 직업이 많이 창출되었으며, 복잡하고 사고 중심적인 일들이 더 많이 생겨났다. 이것은 진실이다. 우주는 근본적으로 풍요로우며, 기술은 재화를 골고루 나누어 주면서도 생태적으로 배려한다.

그러나 대부분의 사람들은 지금까지 자라면서 이렇게 배우지 않았다. 좋은 일이 있으면 나쁜 일도 일어나 그 대가를 치른다고 여겼다. 즉, 우주에는 상호 보상의 균형이 존재한다고 생각한 것이다. 동전은 하나 밖에 없는데 모두 아이스크림콘을 먹고 싶어 한다면 어찌되겠는가? 그 가운데 한 사람만 콘을 먹을 수 있다.

벅민스터 풀러는 이것이 멍청한 생각이라고 가르쳐 주었다. 그는 지금 우주에는 50억의 사람이 모두 백만장자가 될 수 있을 만큼의 부와 돈이 있다고 설명했다. 아직 태어나지 않은 자식들을 위해 충분히 남겨 놓은 자원과 함께 말이다. 잘라 놓은 파이 조각이 얼마나 큰가는 더 이상 문제가 아니며, 문제는 파이 자체를 얼마나 크게 만드느냐이다. 당신 마음속에 있는 파이가 작다면 마음을 크게 가지고 더 큰 파이를 만들어라.

우리는 텔레비전이 처음 등장했을 때를 기억한다. 영화제작자들이 우는소리를 하기 시작했다. 텔레비전 시청료가 너무 싸서 아무도 영화를 보지 않을 것이라 생각했다. 영화는 이제 사양 산업, 죽어 가는 예술이 될 것이라는 것이었다.

하지만 그런 일이 일어났는가? 그렇지 않았다. 영화제작자들은 영화를 TV에 팔기 시작했다. 극장주들은 더 질 좋은 영화를 상영하기 시작했으며, 복합 상영관들이 여기저기서 생겨났다. '파이가 더 커진 것이다.' 모두들 더 많이 돈을 벌게 되었다.

몇 년 전에는 비디오가 이와 똑같은 충격을 주었고 또다시 영화제작자들이 우는소리를 했다. 이제 누가 극장엘 가고 누가 지역 TV를 보겠는가? 모두 비디오로 영화를 볼 것이었다.

그러나 그런 일이 일어났는가? 역시 그런 일은 없었다. 영화제작자들은 비디오 가게를 통해 일반 소비자에게 영화를 팔기 시작했다. 1986년 초가 되자 비디오 영화 시장이 극장 영화 시장보다 더 커졌다!

하지만 수백만 명이나 되는 사람들이 아직도 극장에 들어가려고 줄을 서고 있다. 파이가 커진 것이다. 각자에게는 더 많은 몫이 생겼다. 어느 분야든 사람들이 더 부유해질수록 그 분야는 커지고 더 많은 사람들이 고용되며 각자 더 많은 돈을 벌게 된다.

이 모든 것의 원리는, 좋은 거래란 모두에게 좋은 거래라는 점이다. 당신에게만 좋은 거래라면 그것은 좋은 거래가 아니다. 양자 모두에게 이익이 돌아가야 한다.

6단계—'갇힘 상태'를 벗어나라

'갇힘 상태'는 누구에게나 일어난다. 문제에 얽매여 넘어서려고 해도 그럴 수가 없다. 그러나 지금까지 보아 온 것처럼 일단 문제 단계를 넘지 못하면 얻는 것이라곤 더 많은 문제들뿐이다.

조깅하는 사람으로 치자면 보통 때처럼 일어났는데 운동화를 신을 수가 없는 것과 같다. 마라톤 주자로 치면 '벽에 부딪쳐' 더 이상 앞으로 나아갈 수 없는 상태다. 작가들은 '작가의 벽'에 부딪친다. 판매사원은 '판매 전화'를 걸 수가 없다. 투자가들은 '시장에서 내리막길을 걷는다.' 이런 일은 누구에게나 어느 때고 일어난다.

중요한 것은 그런 상태에서 벗어나는 것, 그런 상황이 당신을 꽉 붙들어 매지 않도록 하는 것이다. 조깅하는 사람은 운동화를 신고 어찌 됐든 바깥으로 나가는 것이 해답이다. 원하지 않더라도 억지로 하면 달리기가 끝났을 때 놀랍게도 기분이 더 좋아진다고 보고되고 있다.

마라톤 주자는 마음으로 달리기를 한다. 몸은 '안 돼'라고 말하지만 마음은 '돼'라고 말한다. 육체적인 벽을 뚫고 나가면 정신적인 에너지가 솟구친다.

작가들은 그저 글을 쓰는 것으로 다시 시작한다. 자리에 앉아 무언가 쉬운 것부터 쓴다. 작업이 끝나면 계속적으로 의사소통을 할 수 있는 권리를 얻은 기분이라고 한다. 담은 허물어졌다.

> 결정의 ABC는 언제나 결정을 내리는 것이다.

판매사원은 참을 수 없는 일처럼 여겨져도 다시 전화를 걸기 시작한다. 전화선 저쪽 편의 목소리가 반응을 보이기 시작하면 판매사원들의 자신감과 자부심은 여러 시간 전화를 걸 수 있는 수준까지 올라간다.

투자가들은 다시 시장에 발을 담근다. 위험에 처했던 돈을 되찾자마자 기분이 약간 나아진다. 그리고 몇 달러를 벌게 되면 다시 기분이 좋아지고 계속할 수 있게 된다.

당신이 어디에 갇혀 있든 해답은 똑같다. 행동하라. 당신이 하고 싶지 않은 바로 그것을 하라. 이것은 수영장의 '염소수 불능' 과 같다. 물속의 불순물들이 염소를 막아 버리면 염소가 제 기능을 할 수 없다. 해결 방법은 무엇이겠는가? 더 많은 염소수를 넣는 것이다.

당신이 '갇힘 상태' 에 빠졌다면 눈을 감은 채 인내심을 가지고 '내면의 지혜' 가 해답을 꺼내 놓기를 기다려라. 믿음과 자신감을 가져라. 그러면 즉각 혹은 마지막에라도 해답을 얻을 수 있다.

7단계—무슨 일이 있더라도 중도에 그만두지 마라

토끼와 거북이 이야기에서 배운 것처럼 끈기가 있으면 보상이 따른다. 부자가 되기까지는 약간의 시간이 걸릴지도 모르지만 결국은 이루고 만다.

피닉스 출신의 동기 부여 강연자인 조엘 웰돈은 농장에 대나무를 심어 놓고 기다린 중국 농부의 이야기를 통해 이것을 가르쳐 주었다.

첫해에는 아무것도 올라오지 않았다. 둘째 해에도 보이는 것이 없었다. 셋째, 넷째 해에도 똑같았다. 다섯째 해 무렵에는 대나무 뿌리가 땅밑으로 백만 마일에 걸쳐 연결되어 있었고, 마침내 대나무가 땅을 뚫고 올라오기 시작하자 하루에 1피트 이상씩 자랐다. 대나무는 단 6주 만에 60피트 이상 자랐다. 농부는 대나무를 수확하여 부자가 되었다.

유가儒家의 오래된 가르침에서 알 수 있듯 모든 것은 기다리는 자의 몫이다. 사족을 붙이자면 씨앗은 반드시 심어야 한다. 달리 표현하자면, 문제는 많은 사람들이 배가 들어오기를 기다리면서도 정작 기다리는 곳이 버스터미널이라는 사실이다.

8단계─많은 것을 약속했으면 더 많은 것을 주어라

부유해지기 위해서는 다른 사람들의 도움이 필요하다. 사람들이 당신의 물건을 사고, 당신의 서비스를 사고, 당신을 사 주어야 한다. 하지만 세상에는 당신 말고도 같은 틈새에서 노력하는 이들이 많다. 이런 상황에서 어떻게 하면 이길 수 있나? 어떻게 해야 경쟁자보다 더 나은 성과, 더 많은 성과, 더 큰 성과를 얻어 낼까?

대답은 간단하다. 많은 것을 약속한 뒤에 더 많은 것을 주는 것이다. 차이는 사소한 데서 온다. 좋은 모텔은 침대가 있는 깨끗한 방을 제공한다. 훌륭한 모텔은 저녁에 깔깔한 침대나 베개 위에 캔디를 놓아두는가 하면 아침에 커피와 신문을 가져다준다.

세상에는 가능한 한 모든 사람에게 상상할 수 있는 모든 것을 파는 사람들이 있다. 물건을 파는 사람은 고객의 배우자와 아이들의 이름을 기억하고, 다른 사람들이 제공하지 않는 아기자기한 부가 혜택과 가외의 것들을 주어야 한다.

당신이 성공하기 위해서는 무언가를 주어야 한다. 부유해지고 싶다면 더 많이 주어라.

9단계-자신에게 맞는 직업을 가져라

누군가를 처음 만났을 때 상대방이 물어 오는 첫 질문은 '무슨 일을 하십니까?' 일 가능성이 가장 크다. 사람들은 다른 어떤 것보다는 일에 가장 많은 시간을 배정하기 때문이다.

일은 또 당신의 자신감과도 무관하지 않다. 사람들은 당신과 당신의 일을 동격으로 생각한다. 그들은 당신이 무슨 일을 하는지 파악하자마자 당신을 조정할 수 있는 것처럼, 당신을 잘 아는 것처럼 생각한다.

우리는 일에서 즐거움을 찾고자 하는 미련을 버리고 만족스럽지 못한데도 조용하고 처절하게 살아가는 대다수의 사람들을 애석하게 생각한다. 당신이 정말 당신과 일을 동격으로 생각한다면 평범한 수준 이상으로 오랫동안 일에 대해 생각해 보는 것이 좋다.

당신이 온몸과 마음과 머리와 가슴을 다해하고 싶은 일을 하고 있기를 진심으로 바란다. 만일 그렇지 않다면 마음속을 잘 살펴서 '내가 기여하고 싶은 분야는 무엇인가?' 하고 스스로에게 물어 보라.

이 질문이 어렵다면 당신이 가장 잘할 수 있는 분야는 무엇인지 찾아 보라. 당신만이 잘할 수 있는 일을 찾아라.

생계를 꾸려 가기 전에 하던 일이 있었는가? 먹고살기 위해서 하다가 그만둔 일이 있는가? 먹고사는 일에 얽매여 제대로 시도해 보지 못한 일이 있는가? 그렇다면 당신이 일할 곳은 따로 있을 가능성이 높다. 그 일을 하겠다고 결심하라. 글로 적고 시각화하고 자기 확신을 가져라. 그러면 곧 그 일을 하게 될 것이다!

우리 두 사람은 강연을 좋아한다. 아주 많이 좋아하는 탓에 무료로 강연을 해 달라고 해도 할 것이다.(우리를 고용한 사람들에게는 말하지 말 것!) 요점을 말하면 강연이야말로 우리가 타고난 최고의 일이라는 것이다. 강연은 우리가 가장 잘할 수 있는 일이다.

혹시 너무 늦었다고 생각하는가? 말도 안 된다. 보람 있는 일을 찾는데 있어 너무 늦은 경우란 없다.

마크의 아버지는 53세의 나이에 제과점을 정리하고 은퇴했다. 하지만 그는 그 상태로 머무를 수 없었다. 자신이 잘하는 일을 해야 한다고 생각했다. 그는 노인들에게 자동차로 식사를 배달해 주는 '무료 식사 배달' 일을 시작했다. 그는 이렇게 말했다.

"누군가는 저 노인 양반들을 먹여 줘야 해!"

그런데 그의 눈에, 그러니까 거리 지각에 문제가 생겨 운전면허증을 압수당하고 말았다. 그는 다시 자전거로 '무료 식사 배달'을 하기 시작했다. 그도 늙었지만 보람 있는 일을 할 수 없을 만큼 늙지는 않았다. 살아 있는 한 너무 늙었다고 할 수 있는 경우란 없다. 자신의 일을 사랑하면 훨씬 오래 산다.

10단계–돈을 벌기 위한 다섯 가지 원칙

다음의 다섯 가지 원칙을 적용해 보라. 분명 성공할 것이다.

1. 노력해서 돈을 벌어라.

사람들은 대개 이것이 가장 어렵다고 생각한다. 그러나 이것은 가장 쉬운 일이다. 앞에서 우리는 '사내 사업' 등 여러 가지 돈 버는 법들에 대해 이야기를 나누었다. 자, 여기에 또 다른 방법이 있다.

지렛대의 원리를 사용하라. 사람들은 흔히 부동산의 관점에서만 이 방법을 생각하는데, 이는 그다지 바람직하지 않다. 지렛대에는 다른 쓰임새가 있다.

다음은 지렛대를 이용할 수 있는 네 가지 항목이다.

A) 돈. 여기서 반드시 지켜야 할 규칙은 '다른 사람의 돈'을 쓰라는 것이다. 이 방법을 알려 주는 책으로는 로버트 알렌이 쓴『값이 떨어지지 않는 부동산Nothing Down』을 비롯하여 셀 수 없이 많다.

B) 아이디어. 아이디어를 이용해서 자신을 높은 위치로 끌어올려라. 좋은 아이디어가 있으면 그 아이디어들이 돈을 불러들인다. 아이디어만으로도 당신은 대단한 일을 하는 것이다. 이에 대해 아주 분명하게 이해하려면 이번 장의 처음 몇 페이지를 다시 읽어라.

C) 시간. 지난 백 년간, 인간은 말이 끄는 마차에서 마하 3의 제트 비행기로 발전해 왔다. 그리고 속도의 증가율 자체가 증가하고 있다.

똑같은 일이라도 개인적으로 시간을 들여 더 빨리 배운다면 생산성과 수입을 몇 곱절로 늘릴 수 있다. 예를 들어 부를 축적하

는 데 필요한 업무 처리 시간을 줄이면 더 많은 부를 쌓을 수 있
는 시간이 생긴다.

D) 사람. 개인적으로 생각할 때, 지렛대의 원리로 사람을 움직인
가장 성공적인 사례는 다단계 판매 전략^{MLM : multi-level-maketing 혹은 네}
^{트워크 마케팅이라고 일컬어지기도 한다}이다.

당신 밑에 백 명의 사람들이 일하고 있다고 상상해 보라. 각각의
수입이 10만 달러이고 그 수입의 5퍼센트만 당신이 받는다고 해도
연 5만 달러이다. 이것이 지렛대의 원리로 사람을 움직이는 방법이
다. 우리의 친구이자 네바다주 레노의 누스킨 공급업자이기도 한 마
크야넬은 자기 밑에 5만 명의 사람들을 모아 150만 달러를 번다.

이 기법을 우리가 이미 얘기했던 기법에 추가시켜라. 그러면 돈 버
는 일이 정말 가장 쉬울 것이다.

2. 돈을 모아라.

부자가 되고 싶다면 저축하라. 생각이 깊고 독창적인 재정 설계사
인 존 세비지는 이렇게 말한다.

"저축을 하기 전에 투자부터 하는 사람은 한심한 바보다."

당신이 50년 동안 내내 일하면서 연 4만 달러를 번다면 총 2백만
달러를 벌게 된다. 그 돈의 10퍼센트를 저축하면 20만 달러가 된다.
그 돈을 신중한 뮤추얼 펀드에 지혜롭게 투자하면 부자가 되든지 적
어도 재정적으로 자유로워질 수 있다.

당신은 이렇게 물을지도 모르겠다.

"저축만 해서 어떻게 부자가 되겠어요? 부자가 되려면 주식 시장
에 투자를 해야 하지 않을까요? 우리나라 최고 부자들 가운데 많은
이들이 알아낸 것이 복리의 법칙이다. 은행에서는 돈을 빌려 줄 때

이 방법을 사용한다. 사람들은 저축을 하면서 이 방법을 쓸 수 있다.

복리가 운용되는 방식은 간단하다. 10달러를 예금하고 5퍼센트의 이자를 번다면 만기에 10달러뿐만 아니라 50센트를 받게 된다. 10달러를 계속 예금해 놓으면 원금 10달러뿐만 아니라 50센트에 대한 이자를 벌게 된다. 이렇게 해서 만기가 되면 돈은 11달러 3센트가 된다. 복리 산정 계좌에 돈을 저축하기만 해도 돈은 급속도로 늘어난다.

그러므로 저축을 할 경우에 진짜 문제는 돈이 늘어날까 아닐까가 아니라 얼마나 빨리 늘어날 것인가이다. 이에 대한 해답을 돕기 위해 우리는 '72의 원칙'을 가지고 있다. 이것은 주어진 이자율 하에서 돈이 얼마나 빨리 갑절로 늘어나는지 알아보는 방법이다.

72를 당신이 예금한 돈의 이자율로 나누어라. 그 결과가 바로 돈이 갑절이 되는 데 걸리는 시간이다. 예를 들면, 받고 있는 이자율이 10퍼센트라면 72를 10으로 나눈다. 예금한 돈이 갑절이 되는 데 걸리는 시간이 7.2년이라는 것이다. 빨리 찾아볼 수 있게 여러 가지 이자율에 해당하는 결과들을 여기에 적어 보았다.

이자율	예금한 돈이 갑절이 되는 데 걸리는 시간
0	영원히 안 된다!
5	14.4년
10	7.2년
15	4.8년
20	3.6년

3. 순수 재산 가치를 늘려라.

순수 재산 가치를 늘리는 방법은 다음의 7가지이다.

A) 물론 은행에 돈을 넣는 방법이 있다.

B) 생명 보험을 들라.

C) 미술품, 골동품, 수집품에 투자하라.

D) 주식, 채권, 뮤추얼 펀드를 사라.

E) 금, 은, 다이아몬드에 투자하라.

F) 자신의 회사를 소유하라.

G) 부동산을 매입해서 보유하라.

한꺼번에 하려고 하지 마라. 이것들을 모아 놓으면 엄청난 짐으로 보일 수 있다. 하지만 평생을 놓고 펼쳐 놓으면 모두 쉽게 얻을 수 있는 것들이다.

4. 순수 재산 가치를 늘려라.

왜 이 항목을 돈 버는 원칙에 넣어 놓았는지 궁금해하는 사람들도 있을 것이다. 그 이유는 이것이 보편적인 영적 원리이기 때문이다. 전체 수입의 10퍼센트를 교회, 절, 회당, 사원, 혹은 선호하는 자선 단체나 비영리 단체를 통해 신에게 돌려주라. 그 보답으로 더 큰 풍요로움을 얻을 것이다.

십일조가 가르치는 바는 '주어라. 그러면 받을 것이다' 이다. 신은 당신의 삶에 그분의 계획을 실행하고 기적을 준비하기 위해 당신이 필요한 100퍼센트를 준다. 그 분은 그 가운데 10퍼센트만 돌려받기를 요구하는 것이다.

마크는 『십일조의 기적The of Tithing』이라는 책에서 실질적으로 알려지지 않은 이 원리에 대해 일반 사람들이 가지는 무수한 의문에 답하고 있다.

그는 100퍼센트의 사람들이 10퍼센트의 십일조를 한다면 영적 세계가 물리적 세계를 전적으로 성공적인 평화 상태를 이루도록 허락할 것이라고 믿는다.

5. 자선가가 되라.

톰 올페는 이렇게 말한다.

"우리가 다니는 길을 닦은 사람들, 우리가 마시는 우물을 판 사람들은 다른 사람들이다. 우리에게도 뒤를 따르는 사람들에게 새로운 길과 우물을 제공해야 할 빚이 있다."

개개인은 사회의 일원이다. 수긍할 만한 생활 수준을 이룬 뒤에는 갚아야 할 '시민의 빚'이 생긴다. 당신에게 관대히 베풀어 준 사회 제도에 다시 갚아야 하는 것이다. 공동체나 교회, 협회에서 당신의 시간, 생각, 돈, 재능, 리더십, 혹은 에너지를 제공해 달라는 요청을 받으면 능력이 되는 한 그렇게 해야 한다.

삶을 계획적으로 사는 사람들은 광범위하고 대대적인 규모로 다른 사람들을 위한 일을 계획하고 행동하려고 한다. 마이클 잭슨과 라이오넬 리치 같은 연예인은 모여서 이렇게 말했다.

"에티오피아 구호를 위해 무언가를 해야 한다."

그들은 〈세계는 하나We Are the World〉라는 노래를 만들기로 했다.

이 역사적인 노래를 통해 전 세계의 십 대 청소년들은 경쟁이 아닌 협력이라는 새로운 사업 방식을 보았다. 43명의 주요 유명 가수들이 자신의 이득은 한쪽에 치워 둔 채 함께 모여 재능을 바쳤고, 역사상 가장 가슴 찡하고 감동적인 노래와 뮤직비디오를 만들어 냈다.

그것은 최고의 박애주의였다. 그 노래는 모든 사람들을 그 일에 참여하고 싶게 만들었다. 그 결과 4천만 달러 이상이 모금되었다.

이 행사의 성공은 밥 겔도프와 빌 그래함, 그리고 수십 명의 유명 연예인들이 노력을 바친 라이브 에이드 콘서트^{Live Aid concert}와 같은 비슷한 다른 행사들로 이어졌다. 그 콘서트가 런던과 필라델피아에서 동시에 열렸을 때 10억 이상의 사람들이 라디오 실황 중계를 들었다.

켄 크라겐은 수백만 명의 동참자들과 함께 '미국을 잇는 손^{Hands Across Amwrica}'이라는 행사를 벌였다. 우리도 미국 내 불우한 이웃을 돕기 위해 돈을 냈다.

마크의 가족과 직원들은 캘리포니아 주의 요르바 린다에 있는 그림 같은 강가에서 손에 손을 잡았고, 잭의 가족과 직원들은 캘리포니아 주의 브랜트우드에 있는 산 빈센트 거리에 있었다. 두 장소에 그다지 유명한 인사들은 나오지 않았지만 역사상 가장 길고 가장 박애적인 인간 띠잇기 행사에 참여하고자 하는 사람들이 모여 있었다.

당신의 자선 행위는 당신이 어떤 종류의 사람인지를 드러낸다. 사람들이 그 사실을 기억할 것이고 여러 가지 면에서 당신에게 보답이 돌아온다.

하지만 개인적으로는 무엇을 할 수 있을까? 많은 사람들이 물어 오는 질문이다.

미국에서 가장 큰 개인 항공사인 에버그린 항공 이사장이자 창립자 델 스미스 같은 특별한 사람의 경우를 들어 보겠다. 마크는 오레곤 주의 맥민빌에 있는 델을 방문했다. 자선 사업에 대해 의논할 생각이었으나, 아이들 그리고 자유로운 사업 활동이라는 주제에 대해 이야기하게 되었다. 델은 어렸을 때부터 자유로운 사업 활동을 강하게 지지해 왔다. 왜 그런지를 알기 위해서는 먼저 델을 이해해야 한다.

그는 일곱 살의 나이에 고아가 되었고 할머니가 키웠다. 할머니는 그에게 말하곤 했다.

"우리는 이 땅에 일과 기회가 있다고 믿는단다."

할머니는 그에게 나폴레온 힐이 쓴 책 『삶은 생각하는 대로 이루어진다Think and Grow Rich』를 주었다.

델은 깊이 감명받았다. 그는 일곱 살이라는 어린 나이에 용기를 내어 두 개의 은행에서 각각 2달러 50센트씩을 빌렸다. 그리고 그 돈으로 잔디 깎는 기계를 샀다.

델은 15센트를 받고 잔디 깎는 일을 시작했다.

"어떤 곳은 골프 코스만큼 커 보였죠."

1941년, 그가 열한 살이 되었을 때는 100달러를 모을 수 있었다. 그는 할머니를 위해 100달러를 계약금으로 내놓고 1,200달러짜리 집을 사기까지 했다.

할머니는 공평하게, 그가 대학에 갔을 때 돈을 빌려 교육을 마치도록 해 주었다. 그는 졸업하자마자 공군에 입대했지만 자신이 색맹이라는 사실만 알게 되었을 뿐이었다. 비행이 허락되지 않자 그는 스스로에게 다짐했다.

"괜찮아, 나는 사업가야. 제대하면 충분한 돈을 벌어서 내 헬리콥터를 사고 말 테다."

시코르스키가 헬리콥터를 발명한 것은 델이 대학에 다닐 때였는데, 델은 헬리콥터가 항공기 산업의 견인차가 될 것이라고 확신했다. 스물다섯, 그가 제대한 후에 그는 정말로 자신의 첫 번째 헬리콥터를 샀으며, 지금은 26개의 조종 부서가 있는 전 세계적인 회사를 운영하고 있다.

어느 날 마크는 항공사 사원을 대상으로 한 세미나에 참석하게 되었다. 휴식 시간에 델은 자신의 사무실에서 마크에게 말했다.

"어린이들이 더 이상 할 수 없는 게 한 가지 있습니다."

"그게 뭡니까?"

"은행에서 돈을 빌릴 수가 없다는 겁니다."

"어린이 은행을 시작해 보시지요."

그리고 나서 델은 헬리콥터 공장을 돌아보기 위해 한 시간 동안 시찰을 떠났다. 그가 돌아왔을 때 델의 수석 부사장인 도나 넬슨이 마크에게 말했다.

"좋은 소식입니다. 델이 막 '마크 빅터 한센의 자유 사업 은행'을 출범시켰고 비영리사업에 쓸 2만5천 달러를 내놨습니다."

참으로 놀라운 박애 정신 아닌가?

그러나 어린이가 계약서에 서명하는 일은 불법이었다. 은행 감독 위원회가 은행을 폐쇄했을 때 델은 자신의 변호사들을 불러서 말했다.

"그 은행을 운영할 수 있는 방법을 찾아보시오."

그들은 그 말대로 했다. 그들은 더 이상 어린이들에게 돈을 빌려주지 않고 수여만 했다. 그리고 이름을 '마크 빅터 한센 어린이 자유 사업 기금 회사'로 바꿨다.

이 회사는 미래 세대가 다시 돈을 빌릴 수 있도록 어린이들이 이자와 함께 갚기를 기대했다. 전국에 있는 수백 명의 어린이들이 돈을 받아 여러 가지 계획을 실행했고, 100퍼센트 되갚았다. 어린이들은 자유 사업 활동에서 가치 있는 교훈을 배우고 있다.

#마크가 들려주는 '토미의 자동차 범퍼 스티커' 이야기
헌팅턴 해변에 있는 우리 교회에 다니는 작은 꼬마 녀석 하나가 어

린이 자유 사업 기금에 대한 이야기를 듣고 나를 찾아왔다. 녀석은 나와 악수를 하고 난 다음 말했다.

"내 이름은 토미 타이, 여섯 살이구요. 어린이 기금에서 돈을 빌리고 싶어요."

"토미야. 내 목표 가운데 하나는 아이들에게 돈을 빌려 주는 거란다. 그리고 지금까지 모든 아이들이 돈을 갚았어. 너는 무엇을 하고 싶니?"

"네 살 때부터 죽 세상에 평화를 가져올 수 있다는 꿈을 꿨어요. 나는 '싸우지 마세요. 어린이들을 위해라고' 쓰고, '토미'라는 이름을 적은 자동차 범퍼 스티커를 만들고 싶어요."

"내가 도와줄 수 있겠구나."

1천 장의 범퍼 스티커를 만들기 위해서는 454달러가 필요했다. '마크 빅터 한센 어린이 자유 사업 기금'은 범퍼 스티커를 인쇄할 인쇄업자에게 수표를 써 주었다.

토미의 아빠는 내게 귓속말로 속삭였다.

"토미가 빌린 돈을 갚지 않으면 그 애의 자전거를 압수할 건가요?"

"아뇨, 잘못 짚으셨습니다. 모든 아이들은 정직과 도덕성, 그리고 윤리의식을 타고납니다. 그러니까 그 외의 다른 것들만 배우면 되죠. 저는 토미가 돈을 갚을 거라고 믿습니다."

만일 당신에게 아홉 살이 넘은 아이가 있다면 정직하고 도덕적이며 윤리적인 사람 밑에서 돈을 벌도록 놔둬 보라. 아이들은 그 원칙을 더 일찍 배운다.

나는 토미에게 내 강연 테이프 한 질을 주었고 토미는 테이프 하나하나를 스물한 번이나 들었다. 테이프는 이렇게 말하고 있었다.

"언제나 꼭대기에서부터 팔기 시작하라."

꿈을 도둑맞은 사람들에게

토미는 아빠를 설득해서 차를 타고 로널드 레이건의 집으로 갔다. 벨을 누르자 수위가 나왔다. 토미는 자신의 범퍼 스티커에 대해, 듣지 않고는 못 배길 2분짜리 판매 홍보를 했다. 수위는 호주머니에 손을 넣어 토미에게 1달러 50센트를 꺼내 주면서 말했다.

"여기 있다. 난 한 장만 있으면 된단다. 그리고 기다리렴. 내가 전직 대통령을 모시고 오마."

내가 토미에게 물었다.

"왜 전직 대통령에게 스티커를 사라고 했니?"

"아저씨가 테이프에서 누구한테든지 팔아 달라고 부탁하라고 했잖아요."

"그랬지, 그랬어. 미안하구나."

토미는 미국 돈으로 1달러 50센트가 적힌 청구서와 함께 범퍼 스티커 한 장을 미하일 고르바초프에게도 보냈다. 고르바초프는 토미에게 1달러 50센트와 함께, "평화를 이루거라, 토미라고" 적고 "미하일 고르바초프 대통령이라고" 서명한 사진 한 장을 보내 주었다.

나는 자필 서명을 수집하고 있었으므로 토미에게 이렇게 말했다.

"고르바초프의 서명을 주면 500달러를 줄게."

"고맙지만 안 돼요, 마크 아저씨."

"토미, 나는 회사를 여러 개 가지고 있단다. 네가 나이가 더 들면 너를 데려다 쓰마."

"농담이시죠? 내가 크면 아저씨를 데려다 쓸 거예요."

《오렌지 카운티 레지스터Orange County Register》지의 일요일판에 토미의 이야기와 어린이 자유 사업 기금, 그리고 나에 대한 특집 기사가 실렸다. 가지인 마티 쇼가 토미를 6시간 동안 인터뷰하여 대단한 기사를 썼다. 마티는 토미에게 그의 행동이 세계 평화에 어떤 역할을 할 것 같냐고 물었다.

"나는 아직 다 컸다고 생각지 않아요. 온 세상의 전쟁을 멈추게 하려면 여덟 살 이나 아홉 살쯤은 되어야 할 것 같아요."

"네가 대단하다고 생각하는 영웅들은 누구니?"

"아빠, 조지 번즈, 왈리 조이너, 그리고 마크 빅터 한센이요."

토미는 모범을 고르는 취향이 훌륭하다.

3일 후, 나는 홀마크 카드 회사로부터 전화를 받았다. 홀마크의 총 판권을 가진 사람이 《레지스터》지의 가사를 팩스로 보내왔다. 그들은 샌프란시스코에서 행사를 열 예정이었는데, 토미가 연설해 주길 바랐다. 그리하여 그들은 토미에게 9가지 목표 있음을 알게 되었다.

1. 전화로 가격을 알아본다.(야구 카드 담보물에 대해)
2. 범퍼 스티커를 인쇄한다.
3. 돈을 빌릴 계획을 세운다.
4. 사람들에게 어떻게 말해야 할지 알아낸다.
5. 지도자들의 주소를 얻어 낸다.
6. 다른 나라의 모든 대통령과 지도자들에게 편지를 쓰고 공짜 범퍼 스티커를 보낸다.
7. 모두에게 평화에 대해 얘기한다.
8. 신문 가판점에 전화해서 내 사업에 대해 얘기한다.
9. 학교와 상의한다.

홀마크사는 우리 회사 〈누가 말하는지 보라 Look Who's Taalking〉가 나서서 토미에게 연설을 부탁해 주었으면 했다. 2주일이라는 준비 기간이 너무 짧은 탓에 연설은 하지 못했지만 홀마크사와 나, 그리고 토미

사이에 있었던 교섭 과정은 재미있고 신나는, 인상적인 경험이었다.

2년 후, 조앤 리버스는 토미에게 전화를 걸어 여러 방송사에 배급되는 자신의 텔레비전 프로그램에 나와 달라고 부탁했다. 누군가가 토미에 관한 인터뷰 기사를 그녀에게 팩스로 보냈던 모양이다. 조앤이 말했다.

"토미. 나는 조앤 리버스란다. 네가 내 텔레비전 프로그램에 나와 주면 좋겠는데. 내 쇼는 수백만 명이 본단다."

"좋아요!"

토미는 '자신을 팔려면 비싼 값에 팔아라'라는 내 테이프를 되풀이해서 듣고 숙달되어 있었기 때문에 조앤에게 이렇게 얘기했다.

"나는 겨우 여덟 살이라서 혼자 갈 수가 없어요. 엄마가 함께 갈 돈도 내주실 수 있죠, 조앤?"

"그럼!"

"그리고 방금 〈부자와 유명인의 생활방식〉이라는 프로그램을 봤는데 뉴욕에 갔을 때는 트럼프 플라자에 묵으라고 했어요. 그렇게 해 주실 수 있죠, 조앤?"

"그래."

"또 뉴욕에 가면 엠파이어 스테이트 빌딩과 자유의 여신상을 보러 가야 한다고 했어요. 표를 사 주실 수 있죠?"

"그래……"

"좋아요. 우리 엄마는 운전을 못한다고 얘기했던가요? 그러니까 조앤의 리무진을 빌려 타도 괜찮죠?"

"물론이지."

토미는 〈조앤 리버스 쇼〉에 나가서 조앤, 카메라맨, 방청객, 그리고 시청자들의 탄성을 이끌어냈다. 토미는 아주 잘생겼고, 재미있으며, 솔직한 데다 대단히 모범적이었다. 또 마음을 사로잡고 고개를 끄덕이게 할 만한 이야기를 해서 방청객들이 그 자리에서 범퍼 스티커를 사겠다고 지갑을 열도록 만들었다.

쇼가 끝날 무렵, 조앤이 다가앉으며 물었다.

"토미, 정말로 너의 범퍼 스티커가 세상에 평화를 가져올 거라 생각하니?"

토미는 빛나는 미소를 띤 채 열정적으로 대답했다.

"지금까지 2년 동안 그 일을 해서 베를린 장벽을 무너뜨렸어요. 꽤 잘했다고 생각지 않아요?"

당신이 알고 있는 십 대 청소년 가운데 돈을 수여받기를 원하는 사업가가 있으면 무엇 때문에 돈을 원하는지, 얼마나 원하는지, 어떻게 갚을 것인지를 설명하는 편지를 마크에게 보내라고 하라. 우리는 이 일을 실현했을 뿐만 아니라 여러 이타적이고 혁신적인 자선 행위를 한 델 스미스를 우리 시대의 앤드루 카네기라고 생각한다.

11단계-목표를 높게 잡아라

목표를 높게 잡아라. '산 위의 왕'이 되고자 하라.

이것은 현실적인 꿈이다. 왜냐하면 산은 아주 많기 때문이다. 살아 있는 모든 남자와 여자에게 하나씩 돌아갈 만큼 있다.

로버트 슐러 박사는 목표를 아주 높게 잡았던 사람이다. 그에게는 꿈이 있었다. 그는 수천 평방 피트 크기의 창문이 있는 환상적인 수정 예배당Crystal Cathedral을 짓고 싶었다. 비용은 수천만 달러에 달했다.

모두 그런 꿈을 이루는 것은 불가능하다고 말했다. 하지만 슐러 박사는 더 많은 것을 알고 있었다. 그는 자신의 목표를 간결하게 적었다. 그러고 나서 목표 밑에 꼬리표를 달아 10가지의 멋진 해결책을 덧붙였다. 여러 가지 해결책 가운데 한 가지는 누군가에게 1백만 달러를 기증해 달라고 부탁하는 것이었다. 사람들은 그 생각을 비웃었다. 하지만 그는 플릿우드 인더스트리(이동식 집과 레저용 자동차를 제조했다)의 소유주인 존 크린을 찾아갔고, 크린은 앉은 자리에서 1백만 달러 짜리 수표를 써 주었다. 크린은 슐러를 위해 거의 2천8백만 달러가 넘는 기부금을 모아 나갔다.

슐러가 다음으로 내놓은 멋진 해결책은 1백만 달러를 낼 수 있는 사람 여섯 명을 더 확보하는 것이었다. 존 웨인이 죽기 전에 백만 달러를 냈다. 밥 호프도 백만 달러를 냈다. 암웨이의 리치 드보스도 백만 달러를 냈다. 슐러가 클레멘트 스톤을 찾아갔을 때 그는 이렇게 말했다.

"당신이 다섯 명을 확보하면 마법의 여섯 번째 백만 달러를 드리리다."

슐러는 마침내 해내고야 말았다!

또 한 가지 해결책은 단 한 번의 일요일 예배에서 백만 달러를 모금하는 것이었다. 당시 그의 교회에는 일요일에 나오는 사람들이 모두 천명이었다. 한 사람당 1천 달러가 돌아가는 것이다. 하지만 그는 사람들 모두에게 부탁했고 불가능해 보였지만 1백만 달러를 모았다!

그는 예배당이 지어질 때까지 자신의 해결책 목록을 따라 움직였다. 그 모든 일을 가능하게 한 열쇠는 그 꿈을 온전히 좇은 데 있었다.

이 원리를 이해했던 또 한 사람은 조용기 박사다. 그는 슐러 박사와 함께 공부했다. 그러고 나서 한국으로 돌아가 자신의 교회를 세웠다. 그는 헛간에서 겨우 세 명의 사람과 함께 시작했다. 하지만 그는 당시의 환경이 자신을 억누르지 못하도록 했다. 그의 꿈은 왕과 같았다. 그는 1년 뒤에 150명의 사람들을 예배에 참석시키겠다고 적었고 둘째 해에는 그 수를 두 배로 늘렸다. 그는 시각화 기법을 사용했고 다른 사람들에게 확신을 심어 주었다.

오늘날 그의 교회에는 백만 명이 넘는 성도가 있다. 교회 건물의 좌석은 8만 개에 달한다. 그는 매주 일요일, 열 번의 예배를 드린다. 그는 대담하게 꿈을 꾸었고 산 위의 왕이 되고자 했다.

종교적인 목적을 위한 모금 사례를 한두 가지 예로 들었지만, 그 기법은 세속적인 세상에서와 마찬가지로 효력을 나타낸다.

케몬스 윌슨은 수년 전에 남부를 여행하고 있었는데 가족들이 함께 묵을 만한 저렴한 장소가 없음을 알았다. 그래서 그는 하나의 호텔이 아니라 호텔 체인망을 세우기로 결심했다. 그는 홀리데이 인 호텔을 세웠다. 홀리데이 인은 처음부터 간판에다 '세계인의 숙소' 임을 선언했다.

그 이후 몇 년이 지나자 지금과 같은 모습이 되었다. 윌슨은 세계에서 가장 큰 호텔 체인망을 세우고 팔았던 것이다.

큰 꿈을 꾼다고 비용이 더 들지는 않는다는 것을 기억하라. 그러므로 당신이 부유해지고자 한다면 '산 위의 왕' 이 되겠다는 목표를 세워라.

모두가 왕 또는 여왕이 되어도 좋을 만큼 산들은 많이 있다.

#부유함을 이루기 위한 목표 세우기
부유해지려는 당신의 목표가 어떤 모습이어야 할지 결정하기 어려우면 스스로를 인터뷰해 보라. 자신이 바바라 월터스나 댄 래더인 척해 보는 것이다. 다음은 흔히 쓰이는 몇 가지 인터뷰 질문들이다.

1. 나는 무엇을 기다리고 있는가?

2. 내가 가진 진짜 재능은 무엇인가?

3. 다른 무엇보다도 갖고 싶어 하고, 되고 싶어 하는 것은 무엇인가?

4. 내 취미는 무엇인가?

5. 취미 중에 어느 한 가지 직업으로 이어질 것인가?

6. 나는 정말로 위험을 무릅쓰려고 하는가?

7. 정확히 내가 원하는 일을 한다면 그것은 어떤 일이 되겠는가?

8. 지금 그 일을 하지 못하도록 막는 것은 무엇인가?

9. 내 최대의 장점(사람들, 기계, 숫자에 뛰어나다 등)은 무엇인가?

10. 나는 누구와 친분을 맺고 싶은가?(선생님, 경영자, 판매사원, 운동선수, 유명인 등)

11. 내가 원하는 지점까지 가기 위해 훈련이나 교육에 얼마나 더 투자해야 하는가?

12. 나는 왜 지금 그 일을 하고 있지 않나?

13. 내게 있는 좋은 아이디어는 무엇인가?

14. 나는 좋은 아이디어를 적고 있는가?

12단계-단호하게 행동하라

일단 목표를 정했으면 그 무엇도 당신을 막지 못하도록 하라.

노만 빈 센트 필 박사는 경제 공황 시절에 열심히 일자리를 구하고 있는 한 청년의 이야기를 들려준다. 그 청년은 자신의 능력에 완벽하게 맞아떨어지는 구인 광고를 보고 그 회사로 달려갔지만 자기 앞에 37명의 사람들이 줄을 서 있는 것을 보았다. 그가 그저 줄을 서서 기다렸다면 거절당했을지도 모른다. 하지만 그는 그 대신에 다음과 같은 쪽지를 써서 사장의 비서에게 건네주며 면담 중인 사장에게 전해 달라고 했다.

쪽지에는 간단히 이렇게 적혀 있었다.

"38번째 지원자를 면담하기 전에는 제발 미리 사람을 뽑지 말아 주십시오. 제임스 헨리."

그는 돌아가 줄을 섰다. 잠시 뒤에 사장이 밖으로 나와 줄을 따라 그에게로 달려왔다. 사장이 말했다.

"창의성과 독창적 능력이 바로 내가 찾고 있던 것이오. 제임스, 함께 일해 보도록 합시다!"

아무리 늦었어도

건강한 삶은

되찾아야 한다.

제9장

행복은
어디에서 오는가

행복이란 무엇인가

건강한 몸을 유지하고 올바른 식생활을 하기 위해 자신을 절제하는 일을 매우 즐겁다. 『사이코 사이버네틱스 $^{Psycho-Cybemetics}$』의 저자 맥스웰 몰츠 박사는 이렇게 말한다.

"한 가지 일을 30일 동안 해 보라. 그러면 31일째에는 습관이 되어 지금보다 훨씬 쉬워진다."

중독은 대개 나쁘다고 생각하지만 좋은 습관에는 중독되는 것도 좋다. 윌리엄 글래서 박사가 얘기한 '긍정적인 중독'을 추구하라. 알맞은 식단 관리와 운동, 그리고 그렇게 노력하여 생기는 긍정적인 태도는 새로운 의미의 행복을 가져온다.

잔병치레가 사라지고 큰 병도 줄어든다. 좋은 기분과 건강을 유지하려고 많은 에너지를 쏟지 않아도 자연스럽게 행복하다고 느낀다.

일단 새로운 수준의 신체에 눈 뜨게 되면 감정, 정신, 영혼 등도 새로운 수준에 눈 뜨게 된다. 어느 한 가지만 절제하면 그로 인해 다른 것들이 모두 차곡차곡 정리된다. 건강은 당신을 행복한 감정으로 이끌 뿐만 아니라, 삶의 균형을 유지시켜 준다.

행복은 삶의 모든 영역에서 적절한 목표를 추구함으로 얻어진다. 건강으로 국한시키자면 이상적인 체중을 유지하는 것, 적당하게 영양 관리를 하는 것, 체계적인 운동을 지속하는 것, 스트레스를 줄이는 것, 삶을 즐기는 태도를 갖는 것, 수명 연장의 방법을 배우는 것, 고통에서 고차원적인 자유를 얻는 것이 행복한 삶을 위한 목표이다.

당신은 무엇을 원하는가

사람들은 개인적인 이익이 곧바로 눈에 띄지 않으면 식단을 바꾸거나 운동하려 들지 않는다. 그러므로 당신이 운동을 통해 정확히 무엇을 얻으려 하는지 판단하는 것이 중요하다. 여기에 몇 가지 항목이 있다.

배가 더 날씬하고 반듯해지기를 원하는가?
잘 단련된 우람한 근육을 원하는가?
담배, 술, 마약에서 자유롭고 싶은가?
심장 박동수가 더 낮아지기를 원하는가?
콜레스테롤 수치가 더 낮아지기를 원하는가?
지방 섭취를 줄이고 싶은가?

몸 상태가 더 나아지기를 원하는가?

보다 더 유연해지기를 원하는가?

내면의 느낌이 훨씬 더 좋아지기를 원하는가?

사람들은 모두 위의 항목들 가운데 한 가지 이상을 원한다. 당신은 무엇을 기다리는가? 당신이 생각하는 행복의 정의는 무엇인가? 눈을 감고 최고 수준의 행복을 시각화하라. 건강에 대해 보고, 느끼고, 믿는 바를 적어라.

더 행복해지기 위해 적어도 한 달에 한 가지씩은 목표를 선택하라. 그리고 그 목표를 카드에 적어라. 호주머니에 넣어 돈과 함께 갖고 다녀라. 매일 그것을 꺼내 목표에 대해 명상하고, 최종적인 결과에서부터 차근차근 자기 확신을 가져라. 자신에게 이렇게 물어 보라. "지금 내가 하고 있는 일이 목표에 한 발 더 다가가는 일인가?"

> 어느 정신의학 스트레스 전문가는
> 행복에 대해 이렇게 말했다. "단 두 개의 원리가 있다.
> 첫째, 사소한 것에 목숨을 걸지 마라.
> 둘째, 모든 것은 사소한 것이다."

자신의 건강을 측정하자

당신의 건강 상태를 알아보기 위해 의사가 할 수 있는 건강 측정 방법은 여러 가지이다. 그러나 다음의 다섯 가지 방법은 혼자서도 건강 상태를 확인할 수 있는 좋은 지표가 될 것이다. 물론 어떤 운동

계획도 착수하기 전에는 반드시 의사에게 검진을 받고 허락을 얻어야 한다.

1. 평상시의 심장 박동수는 몇인가?

박동수가 낮을수록 좋다. 올림픽 육상 선수들은 평균적으로 분당 36회 정도 뛴다. 목과 손목 혹은 무릎 뒤편에 있는 맥을 짚어 보라. 해 본 적이 없다면 이를 알고 있는 친구에게 부탁해서 지시를 받아라. 둘 다 처음이라면 당연히 부끄러워하지 않아도 된다.

맥을 짚고 있지 않은 다른 손은 탁상 시계나 손목 시계를 재는 데 써라. 그러면 실수할 여지가 적어진다. 6초 동안 맥박을 재고 10을 곱하면 자신의 박동수가 나온다. 박동수가 6초에 7회이면 평균 박동수는 10을 곱해 1분에 70회가 되는 것이다. 목표는 그 박동수를 낮추는 것인데, 박동수가 낮아지면 심장이 열심히 뛰지 않아도 되므로 오래, 건강하게 살 수 있다.

평상시의 심장 박동수를 알아내기에 가장 좋은 시간은 잠을 잘 자고 난 다음 깼을 때나 침대에서 일어나기 전이다. 사람들은 대개 60회에서 90회 정도 뛴다. 분당 80회가 넘는데도 의사를 찾은 적이 없다면 당장 가 보도록 해라.

2. 심장 박동수 회복 속도는 몇 분인가?

심장 박동수 회복 속도는 에어로빅 같은 운동을 하고 난 뒤에 평상시의 심장 박동수로 돌아가는 데 걸리는 시간을 말한다. 빨리 회복될수록 더 건강하다. 좋은 에어로빅 선생님이라면 흔히 쓰이는 심장 능력 측정 방법을 확실하게 가르쳐 준다.

이것은 반드시 전문가에게서 배워야 한다. 이것 때문에 자신이나 다른 사람의 목숨을 구할 수도 있다.

3. 체지방 비율은 얼마인가?

올림픽팀 운동의학 지압사인 데이비드 스타 박사가 말하는 바람직한 체중은 가뿐한 기분이 들고, 건강해 보이며, 민첩하고, 피로와 질병의 전염에 저항할 수 있는 정도의 체중이다. 그리고 그 체중을 10퍼센트 초과하면 비만이라고 부른다.

더 정확하게는 체지방 비율로 확인할 수 있다. 여자는 23퍼센트, 남자는 15퍼센트 가량 되어야 정상이다. 『건강이냐 비만이냐Fit or Fat』의 저자 코버트 베일리는 이러한 접근법의 선두에 서 있다. 그는 체지방 측정의 정확성을 극대화하기 위해 세미나를 하는 동안 수중 입수入水를 한다. 이동 차량을 이용하여 YMCA, 헬스 클럽 그리고 대학들도 이와 비슷한 실험을 하고 있다. 의사들과 영양학자들은 보통 체지방을 재기 위해 캘리퍼스를 사용하고, 일반 사람들은 비만인지를 알기 위해 '1인치 꼬집기' 시험을 한다. 우회전 신호처럼 하늘을 향해 팔을 구부린 상태에서 배 주위의 피하지방이나 삼두박근 하부의 피하지방이 1인치 이상이면, 또는 레슬링 선수의 해머록처럼 팔을 등 뒤로 구부린 상태에서 견갑골 아래의 피하지방이 1인치 이상이면 비만에 해당한다.

비만은 심각한 문제이다.

오랄 로버츠 대학에서는 학생들이 건강하지 못하고 이상적인 체지방의 비율을 넘어서면 정학시킨다. 우리는 금요일 저녁 5시 30분에 그 대학 교정과 캔 쿠퍼 에어로빅 센터를 방문했는데, 학생들과 교수진, 외부 손님들이 빼곡하게 들어차 농구, 배구, 수영, 달리기, 역도 등 운동하는 모습을 보고 깜짝 놀랐다. 매우 인상적이었다.

4. 얼마나 유연한가?

편안하게 발가락을 만지고, 무릎을 굽히고, 요가 자세로 앉아 있을 수 있는가? 천천히 부드럽게 가능한지 한번 해 보라. 하기 어렵거나 불가능하더라도 당황하지 마라. 나이에 상관없이 점진적으로 몸을 뻗어 긴장을 풀어 줄 수 있다.

5. 삶을 얼마나 즐기는가?

사람들은 모두 놀이, 웃음, 기발함, 자연스런운 행동, 그러니까 다른 말로 하면 인생의 즐거움이 필요하다. 즐거움이 부족하지 않은가? 즐거움은 몸의 운동뿐만 아니라 마음의 운동에도 한몫한다.

웃음만이 몸 전체를 움직이게 해 주고 긴장을 풀어 주며 생기를 되찾아 준다. 고故노만 커즌스 박사는 자신의 책『질병의 해부Anatomy of an Illness』와『치유의 마음The Healing Heart』에서 자신이 어떻게 웃음(그리고 비타민 C의 도움) 때문에 죽지 않을 수 있었는지 이야기하고 있다. 어떤 식으로든 즐거웠던 순간이 하루에 몇 번이나 있었는지 세어 보라. 10번이 넘으면 잘 지내고 있는 것이고, 10번이 안 되면 더욱 노력해야 한다. 마음을 가볍게 하고 진지함을 덜며 즐거운 시간을 더 많이 가져라.

건강하게 살자

위에서 설명한 실험을 거쳐 자신에게 개선이 필요하다는 사실을 알았다고 해도 너무 실망하지 말아라. 당신은 대다수의 사람들과 같을 뿐이다. 모든 사람들이 건강하고 싶어 하지만 어찌 됐든 대부분의 사람들은 그렇지 못하다.

여기 해결책이 있다. 그것은 '안에서 건강하다고 느끼면 밖으로 보여진다'는 우리의 공식이다. 시험해 보면 결코 실망하지 않을 것이다.

운동하라

달리기 선수들의 정신적인 스승이자 『달리기와 존재Running and Being』의 저자 조지 쉬한 박사는, 칠순이 넘은 심장병 전문의로 운동을 장려한다. 그는 운동이 몸과 마음을 하나로 묶어 절대적이니 행복감을 만든다고 말한다. 그가 생각하기에 일, 놀이, 사랑 그리고 종교를 공통으로 묶는 칙령은 건강이다.

"자신의 모습을 발견하고, 자존심을 지키며, 삶의 도전에 맞서려면 건강은 필수적이다."

운동 프로그램 선택하기

건강하기 위해 처음 해야 할 일은 운동 종류를 고르는 것이다. 온갖 종류의 운동들이 있는데, 물론 대부분이 훌륭하다, 도보, 조깅, 롤러 스케이팅, 에어로빅(제인 폰다, 리차도 시몬스, 잭 라란 혹은 누구라도 TV에 나오는 에어로빅 강사를 보라), 실내 자전거 타기, 크로스컨트리 스키, 줄넘기, 노르딕 경기, 점프판 뛰기(미국 공군에 따르면 가장 효과적인 운동 방법 가운데 하나이다) 가운데에서 선택하라.

다른 사람과 함께 운동하라

누군가와 함께 운동하는 것도 아주 좋다. 우리 두 사람은 아내와 아이들과 함께 운동한다. 우리는 막내 놈들이 갓 돌이 지났을 때 우리 몸에 편안하게 붙들어 매고서 함께 조깅을 시작했다. 그리하여 나중에는 아이들이 세발자전거를 타고 앞장서도록 했다.

이것은 당신이 더 많은 사랑을 줄 수 있는 일이기도 하다. 배우자나 연인이 있는 사람들은 하루에 30분씩 산책이라도 하며 함께 운동하라. 건강이 좋아지는 일과는 별도로 서로 이어져 있다는 감정이 더 깊어질 것이다.

함께 운동할 만한 상대가 없다면 상상력을 동원하라. 우리는 친구들 혹은 우리 두 사람, 아니면 우리가 존경하는 명사와 함께 뛴다고 상상할 것이다. 심지어는 상상의 대화를 나누는 것도 가능해서 떨어진 에너지를 다시 채우는 데 도움이 된다.

그러나 가장 좋은 운동은 무리를 지어 뛰는 것이다. 최근에 우리는 고객 한 사람 때문에 샌프란시스코의 베이 투 브레이커스^{Bay to Breakers} 달리기 대회에 열광하게 되었다. 일 년에 한 번, 대략 12만 5천 명의 사람들이 샌프란시스코 중심가에서 태평양 해변까지 마라톤을 한다. 12만 5천 명의 사람들과 함께 뛴다고 상상해 보라!

운동으로 건강해지고 나서

다이어트를 하라.

사람들은 대개 다이어트를 먼저 하고

운동을 한다.
———

코버트 베일리

5일간의 운동

어떤 운동이건 누구와 함께 하건, 일주일에 적어도 3일은 건강 유지를 위해 운동을 하라. 일주일에 5일을 운동하면 정말로 건강해진다.(처음에는 근육과 체력을 기를 때까지 자주 그리고 조금씩 운동하는 것이 좋다. 예를 들면 하루에 두 번, 한 번에 10분씩 운동하라.) 또 보충 운동을 하라. 운동을 짧게 했다는 생각이 들면 다음에는 더 오랫동안 하라.

유산소 운동을 목표로 삼아라

유산소 운동은 전신운동이다. 이것은 폐와 혈관에 산소를 공급하는 운동으로 20분 이상 근육에 힘이 들어가는 꾸준하고 지속적인 운동이다.

유산소 운동이 가진 이점 중에서 가장 눈에 띄는 것은 에너지 증가와 행복감이다. 일주일에 4번 이상, 하루에 20분 이상 유산소 운동을 하면 건강한 심폐 기능을 갖게 되어 평생 건강하게 살 수 있다.

대안 프로그램들

힘쓰는 운동이 어렵다면 넓은 의미의 산책을 하라. 드넓은 자연에서 산책을 하면 운동도 되고 주위의 아름다운 풍경도 볼 수 있다. 산책은 특히 우울한 감정을 느끼고 있는 사람에게 치료 효과가 있다. 하루 온종일 야외로 나가든지, 아니면 애팔래치아 산이나 존 무르 트레일 같은 산 길을 따라 며칠 동안 도보 여행을 하는 것도 좋다. 이루 말할 수 없이 상쾌할 것이다.

바닷가에서 맨발로 넓은 지역을 걸어 보는 것도 아주 유익하다. 정기적으로 숲 속을 산책하거나 해변에서 맨발로 걷는 시간을 계획하라.

무엇을 쳐다보든지 그것을 내면화하게 된다는 사실을 기억하라. 그러므로 추하고 고통스럽고 부정적인 것보다는 아름답고 경탄스럽고 흥미진진한 것을 찾아보려고 노력하라.

꿈을 도둑맞은 사람들에게

운동할 때는 규칙적으로 하라

운동하면서 가장 중요한 것은 건강해지겠다는 결심을 뒷받침해 주는 매일의 습관 즉, 규칙적으로 하는가이다. 대부분의 사람들은 이렇게 말한다.

"운동을 하려고 해도 시간이 없어."

물론 이것은 시시한 소리에 불과하다. 우리 두 사람은 우리가 아는 누구 못지않게 바쁘다. 그래도 시간대를 달리하여 일주일에 5일은 조깅을 한다. 우리는 운동을 최우선의 과제로 삼는다. 부유해지기 위해서는 이익을 먼저 챙겨야 하듯이 건강을 위해서는 운동을 먼저 챙길 필요가 있다.

일상생활에서 운동이 가지는 중요성을 납득하기 어려운가?

그렇다면 활기차게 살아가기 위해서 전적으로 건강하고 준비된 모습이 필요하다는 사실을 기억하라. 당신은 자동차 사고를 당할 수도 있고, 또 병에 걸릴 수도 있다. 몸이 건강하면 그런 것들을 미리 막을 수 있는 가능성이 훨씬 높으며 생존과 회복의 가능성 또한 높다.

규칙적으로 운동하기 위해서는 반드시 마땅한 이유가 있어야 한다. 그 이유가 충분히 호의적이든지 혹은 위협적이라면 운동을 하게 된다.

규칙적인 운동을 하면 다음과 같은 점이 좋다.

1. 기분이 좋다.
2. 생각이 잘 된다.
3. 일을 더 잘한다.
4. 심리적으로 고양된다.
5. 심장 박동수가 줄어들고 혈압이 낮아진다.
6. 콜레스테롤 수치가 떨어진다.
7. 고밀도 지질 단백질이 늘어난다.
8. 수명이 길어진다.
9. 인내심이 커진다.
10. 긴장, 우울, 걱정 그리고 다른 스트레스 증상들이 줄어든다.
11. 자신감이 생긴다.

마지막으로 운동을 특정한 건강 목표와 연계하라. 자신의 목표가 허리를 날씬하게 만드는 것이라면 허리가 날씬해질 때까지 운동 수준을 천천히 높이면서 늘 맥박에 염두를 두어라. 지나치게 힘이 드는 운동은 피하더라도 불필요한 체중을 빼거나, 뺀 상태를 유지할 만큼은 운동하라.

과도한 운동은 피하라

실제로 어떤 운동이든 심장박동을 빠르게 만든다. 이것이 바람직한 까닭은 심장 박동이 빨라지면서 몸 전체에 산소를 공급하기 때문이다. 하지만 과도한 운동은 주의해야 한다. 앞에서 언급했듯이, 운동을 시작하기 전에 자기가 모르고 있는 병인 위험 요소는 없는지 검진받아야 한다.

일단 운동을 시작하면 유산소 효과를 낼 정도의 수준까지는 심장 박동수를 높일 필요가 있다. 적절한 심장 박동수를 알아내려면 220에서 자기 나이를 빼고 70퍼센트를 다시 곱하라. 이때 나온 수치가 운동을 해서 나타나는 효과와 똑같아야 한다. 예를 들어 보자.

	220
40세인 사람이	−40
20분간의 규칙적인	180
유산소 운동을 하기 위해서는	×70
분당 126회의 심장 박동이 필요하다.	126

또 한 가지 유용한 기법은 말하기이다. 말하기 시험법은 사신의 운동 속도를 정하는 데에도 사용된다. 운동하는 동안 상대와 편안하게 얘기를 나눌 수 있으면 심장 박동 속도가 괜찮은 편이고, 너무 숨이 차면 운동을 지나치게 하는 중이다.

과식하지 마라

데이비드 스타 박사가 쓴 『새 건강 가이드New Guide to Fitness』에 의하면 블루베리 파이 한 조각의 열량을 소모하려면 30분간 라켓볼을 쳐야 하고, 12개에 16개의 콘칩이 가진 열량을 소모하려면 30분간 에어로빅 체조를 해야 한다. 그러나 1마일을 10분 안에 달리는 속도로 40분간 달리면 금방 만든 퍼지 아이스크림을 먹고도 살찌지 않을 수 있다.

우리의 친구 피트 스트러드윅은 1파운드 과다 체중인 사람이 1마일을 뛴다면 1톤 무게에 해당하는 물건을 가지고 다니는 것과 같다고 말한다. 과다 체중인 사람은 기름 덩어리 배낭을 메고 사는 것이다.

30세에 180파운드가 나가는 보통의 미국 남자들은 15퍼센트(이상적인 비율임)의 체지방을 갖고 있다. 40세가 될 때까지도 180파운드가 나간다면 체지방이 40퍼센트는 될 것이다. 이 때문에 '나도 혹시?' 하는 생각이 드는가?

마땅히 그래야 한다.

비만에 대항할 수 있는 힘은 합리적인 다이어트와 규칙적인 운동이다. 대부분의 사람들은 나이가 들수록 더 오랫동안 앉아 있으므로 운동을 더 많이 해야 할 뿐만 아니라, 칼로리를 줄이면서 균형 잡힌 식단을 유지해야 한다.

모범이 될 만한 사람은 바로 잭 라란이다. 그는 매년 기록에 도전한다. 그는 여전히 젊어 보이고 하루에 두 시간씩 운동하며 딱 맞게 음식을 먹는다. 또 건강 센터를 포함한 여러 가지 이익 사업을 운영하고 있고 인기 있는 TV프로그램도 맡고 있다.

음식에 대한 고정관념을 버려라

우리는 어렸을 때부터 접시를 깨끗이 비우라는 말을 들으며 자랐다. '중국에는 굶고 있는 아이들이 있어' 라는 말이 그 경고였다. 하지만 우리가 접시를 깨끗이 비운다고 해서 다른 아이들을 먹일 수 있는 것은 아니었다.

요점을 말하자면 사람들 거의가 어릴 때부터 억지로라도 먹어야 한다는 선입관을 키워 왔다는 것이다. 이제 다이어트를 위해서는 음식, 식사, 영양에 대한 당신의 선입관, 생각, 감정을 새롭게 할 필요가 있다.

첫째, 자신에게 이렇게 물어야 한다.

'내가 왜 음식을 먹는가? 정말로 배가 고프기 때문인가? 아니면 다른 것, 어떤 감정적인 욕구를 만족시키기 위해서인가?'

둘째, 칼로리에 관한 사실을 직시해야 한다. 많은 경우 과다 체중의 원인을 파티에 돌린다. 음식을 먹을 때마다 배고픔의 정도를 1에서 10까지 매겨 보라. 사람들은 대체로 적당하게 식사를 하고 가끔 파티에서 과식을 하니까 이것이 살로 간다고 생각하는 것이다.

그러나 사실이 아니다. 휴일 파티를 마치고 "주말 동안 5파운드가 불었어" 라고 말하는 사람들은 농담을 하고 있거나 자신들이 무슨 말을 하는지 모르는 것이다. 지방 1파운드는 3천5백 칼로리를 흡수했다는 뜻이므로 5파운드가 불었다는 것은 주말에만 1만 7천 5백 칼로리를 흡수했다는 뜻이 된다. 이것은 불가능한 일이다. 그렇게 체중이 늘어난 것은 장기간 과식한 결과다.

일 년 동안 매일 100칼로리를 불필요하게 먹는다면 10파운드가 늘어난다는 사실을 기억하라. 몸은 입금과 출금이라는 기본적인 원칙으로 움직이는 은행과 같다.

마지막으로 많은 체중을 빨리 빼야 한다는 마음가짐을 피하라. 어떤 사람이 짧은 기간 동안 많은 체중이 빠졌다면 그것은 대개 수분이 빠진 것이다.(하루에 1,500칼로리를 소모하려면 시간당 6.5마일을 가는 속도로 한 시간 반 동안 조깅해야 가능하다.)

> 똑똑한 사람들은 슈퍼마켓에서 다이어트가
> 시작된다고 생각한다.
> 사지 않은 것은 먹을 수 없는 법이다.

일시적인 다이어트를 피하라

일시적인 다이어트는 효과가 없다. 통계를 보면 5퍼센트 이하만이 성공한다고 지적하고 있다. 일시적인 다이어트는 '탁구' 효과를 가져온다. 다이어트를 하면 살이 빠지고, 살이 빠지면 다이어트를 중단하여 다시 살이 붙고, 다시 다이어트를 하는 식으로 말이다. 일시적인 다이어트는 보통 평생 동안 수천 파운드의 살을 뺐다 찌웠다 하는 '직업적인' 다이어트 전문가들의 영역이다. 의학적으로 보면 이는 몸에 극심한 스트레스와 해를 줄 수 있다.

이뇨제 역시 즉각적인 체중 감소를 야기할 수 있다. 하지만 빠지는 것은 수분뿐이다. 지방은 남는다. 다이어트 알약들도 약간의 체중을 빼주긴 하지만 효과를 얻을 확률보다 해를 끼칠 확률이 압도적으로 크다.

현 상태를 유지하고 다시 살이 찌지 않도록 하라

진정한 목표는 평생 해야 할 다이어트와 운동 계획을 합리적으로 세우는 것이다. 잃고 난 뒤에 다시 찾는 것보다 좋은 몸 상태를 그대로 유지하는 것이 훨씬 쉽고 효율적이라는 사실을 기억하라. 위胃가 말을 할 수 있다면 이렇게 말할 것이다.

'금방 소화했는데 또 먹어?'

식성을 절제할 수 있어야 절제된 생활을 할 수 있다. 문제는 대부분의 사람들이 식성과 생활을 혀끝에 맡겨 버린다는 점이다. 게다가 오늘날에는 영양식에 대한 개념이 점차 무너지고 있다. 현재 시장에는 7천 가지의 인스턴트 음식 광고가 나와 있는 것으로 추정되는데, 최고의 운동선수와 배우들이 TV에 나와 아이들에게 인스턴트 음식을 먹으라고 가르친다. 모범을 보여야 할 빌 코스비조차 코카콜라와 젤로를 팔고 마이클 조던은 맥도날드를 과대 선전한다.

하루에 한 번은 합리적이며 잘 차린 식단으로 식사하라.

다음은 다이어트를 시작하는 사람들에게 필요한 몇 가지 조언이다.

1. 끼니 때 여분의 음식을 줄인다.
2. 과자를 절대 먹지 않는다. 이는 절제를 약화시킨다.
3. 과자를 먹어야 한다면 칼로리가 높은 것은 피한다.
4. 먹는 장소(가족 식사를 제외하고)에서 사람 만나는 일을 피한다.
   이것은 당신의 입맛만 자극하는 일이다.
5. TV 광고를 피한다. 광고는 대부분 음식에 관한 것이다.
6. 설탕, 흰 밀가루, 소금을 피한다.
7. 천천히 먹는다. 얼마나 적게 먹느냐와 상관없이 대략 20분이 지나면

배가 찬다.

8. 매일 여러 번씩 건강한 몸 상태를 시각화한다. 이상적인 체중의 모습을 상상한다. 더 나은 방법은 이상적인 모습일 때 찍은 사진을 하루에 적어도 세 번은 꺼내 본다.

9. 무언가를 먹기 시작할 때마다 이상적인 체중을 떠올리고 이렇게 자문한다. '내가 이상적인 체중을 만들고 유지하는 데 이것이 도움이 될까?' 대답이 부정적이면 먹지 않는다.

데이비드 스타 박사는 스트레스에서 시작하여 강박적인 음식 먹기, 비만, 신체적 활동 둔화, 다시 더 많은 스트레스로 이어지는 것이 과식의 경로라고 말한다. 이는 자기 파괴의 경로이며 자신의 결단과 바람, 결심과 헌신만이 끊어 버릴 수 있다.

건강을 추구하라. 당신의 식단 관리가 당신의 수명과 삶의 기쁨을 결정짓는다.

> 지방은 과다 체중의 증상이지
> 원인이 아니다.

원하는 결과에서부터 출발하라

평생의 목표는 그저 아픔과 질병 없이 사는 게 아니라 절대 행복임을 기억하라. 직업 강연자인 마이클 위케트는 이렇게 말한다.

"원하는 결과를 자신의 스승으로 삼으라."

행동할 때만이 스스로 믿는 바를 얻을 수 있다. 당신이 살을 빼고 싶다고 말한다 해도 잠재의식은 당신의 의도가 아닌 당신의 행동을 믿는다. 건강을 생각하면서 적게 먹고 더 많이 운동하고 있는가? 그렇다면 당신이 가진 믿음의 진실은 결과로 나타난다.

자기 확신을 가져라

다음은 동기를 부여하는 건강에 대한 자기 확신의 말들이다. 이 말을 자주 하도록 하라. 특히 운동을 시작하기 전과 운동할 때, 그리고 운동을 하고 나서 이 말을 음미하라.

1. 나는 내 건강에 책임을 진다.
2. 내 일상의 습관이 내 건강을 만든다.
3. 내 몸과 마음, 그리고 영혼은 활력이 넘치며 건강하다.
4. 나는 정말로 건강하며 일생 동안 건강을 유지할 것이다.
5. 나는 생명력을 느끼며 다른 사람들도 그렇게 느끼도록 돕는다.

도움받을 수 있는 길을 찾아라

건강을 얻는 길은 머나먼 길이며 상당한 도움을 필요로 한다. 도움받는 길을 최대한 열어 두어라. 당신을 '최대한' 도와줄 준비가 되어 있고, 도울 생각과 능력이 있는 건강한 친구들을 찾아라. 또 에너지를 쏟아부을 수 있는 환경을 찾아라.

남에게 얘기할 수 있는 자신만의 건강 이야기가 생길 때까지는 '내면의 귀'를 이용해서 다른 사람들의 말을 듣고 자신의 이야기를 즉흥적으로 만들어야 한다. 사람들이 다음과 같이 이야기하는 것을 마음으로 들어라.

"아주 좋아 보이는군요! 몰라보게 변했어요. 살이 빠지니까 더 젊어 보입니다."

의사가 하는 말도 듣는다.

"심장 박동수도 아주 좋고 체중도 이상적입니다. 당신은 완벽하게 건강합니다. 새사람이 되셨군요. 축하드립니다."

여러 달이 지나 미래에 진짜로 그런 말을 들으면 정말이지 기쁠 것이다. 그들의 입에서 이런 말이 나오리라는 것은 당신만이 알고 있다.

운동도 '유행'이다

아직도 미심쩍은 부분이 있다면, 60년대에는 미국 인구의 25퍼센트 미만이 규칙적이고 격렬한 운동을 한 것으로 추정된다는 사실을 기억하라. 그러니 90년대에는 60퍼센트가 넘는 미국인들이 일정한 건강 프로그램에 참가했다. 운동은 나이나 성을 불문하고 유행이 되었다. 땀 흘리는 것도 유행이다. 그러므로 지금이 건강해질 수 있는 가장 좋은 때이다. 앞으로 오랫동안 많은 동지들이 생길 것이다.

새로운 대안, 치유 능력

지금까지 말한 것은 사실상 잃기 전에 지키자는 예방 차원의 이야기들이다. 하지만 사람들은 실제로 앓는 일이 있고 그러면 치료라는 다른 방법이 필요하다.

1970년대 말까지는 병이 난 후에야 사람들이 치료를 받았다. 병원 진료실에 들어가면 의사가 묻는다.

"어디가 아파서 오셨습니까?"

당신은 증상을 설명하자마자 알약을 받거나 주사를 맞든지 수술을 받는다. 하지만 이제는 다른 대안들이 있으며 그중의 하나가 인간의 치유 능력이다.

오늘날 세상에는 자연 치유 능력과 '치유의 힘'을 가지고 태어난 수십만 명의 사람들이 있다. 그들은 어느 인종에게나 있으며, 신조나 피부색, 돈이 그들의 타고난 능력에 영향을 미치지는 않는다.

정말로 안타까운 것은 '치유의 통로'가 될 수 있는 많은 사람들이 자신의 재능을 깨닫거나 써 보지 못한다는 사실이다. 모두들 자신에게 치유 능력이 있는지 한번 확인해 보기 바란다.

지금은 고인이 된 올가 워럴 박사는 가장 위대한 치유자 가운데 한 사람이었다. 그녀는 이렇게 말했다.

"내가 연구한 바에 따르면 모든 사람에게는 타고난 치유 능력이 있고 그 가운데 5퍼센트에 해당하는 사람들은 탁월한 능력을 가지고 있습니다. 당신이 그 5퍼센트에 속한다면 당신은 자신과 다른 사람들을 치유해 주기 위해 태어난 겁니다."

또 런던의 전정한 치유자 E. G. '테드' 프릭컬은 이렇게 말한다.

"나는 자신의 회복에 회의를 품은 사람들과 믿음이 없는 사람들 그리고 질병과 오랜 실랑이를 벌이느라 믿음이 산산조각 난 사람들을 치유할 수 있습니다. 당신에게 믿음이 있어야 할 필요는 없습니다. 내게 충분히 있으니까요."

마크의 허리 디스크

미주리 주의 콜롬비아에서 열린 한 회의에 참석했을 때였는데, 전날 밤 등이 아파서 잠을 이루지 못 했다. 나는 아침 6시에 전화를 걸어 도움을 청했다. 좀처럼 침대에서 움직일 수가 없었고 움직일 때마다 엄청나게 고통스러웠다.

나는 회의를 후원하는 이들 가운데 한 사람의 도움으로 곧 병원에 입원하였다. 정형외과 의사는 온갖 시험을 하고 X레이 사진을 찍어 보더니 말했다.

"척추에 퇴행성 디스크가 있군요. 곧장 견인 치료라도 받아야겠지만 아마 효과가 없을 겁니다. 가능한 한 빨리 수술해야겠습니다."

그때 나는 살을 찢어야 하는 수술이 싫었기 때문에 다른 방법이 없는지 물었다.

"내가 당신에게 유일하게 해 줄 수 있는 것은 고통을 덜 수 있도록 진통제를 놓아 주는 일뿐입니다."

여섯 명의 다른 의사와도 얘기해 봤지만 역시 만족할 만한 방법이 나오지 않았다.

나는 침을 맞으러 뉴멕시코로 갔다. 신경과 의사와 정형외과 의사, 세 명의 지압사 그리고 온갖 척추 전문 의사들을 만나 봤지만 진단 결과는 똑같았다.

마침 나는 하와이에 있는 콘도에서 며칠을 쉬게 되었다. 약이나 수술이 아니면 무슨 수라도 써 볼 작정이었기 때문에 콘도에 있던 여자분의 소개로 믿음의 치유를 하는 높은 경지의 카후나^{Kahuna영적 능력으로 병을 치유하는 치유사를 가리키는 하와이 토속어 : 옮긴이} 한 분을 만나 보았다.

처음 만났을 때, 짧은 시간이었지만 그는 내게 해가 지는 것을 바라보며 모든 부정적인 말, 생각, 행동을 그 사멸의 빛 속에 내던져야 한다고 했다.(이것은 기독교인들이 회개라고 부르는 행위와 비슷하다.) 나는 그렇게 했다.

다음날 그가 다시 와서 '롤 핑 마사지'와 비슷한 뼈 마사지를 깊숙하게 해 주었다. 우리는 인도에 대해 이야기했다. 그는 내게 인도에 있을 때 콘 달리니에 대해 들어 본 적이 있느냐고 물었다. 콘 달리니란 숨을 아주 깊이 들이마셔서 '우주의 에너지와 하나가 되는' 요가 방법이다. 나는 들은 적이 있다고 대답했다.

그는 시범을 통해 내게 콘 달리니의 힘을 주입했다. 나는 무아지경에 빠졌다. 그는 통제된 콘 달리니의 힘을 내게 넣었다 뺐다 하면서 몸과 척추를 통과해 퇴행성 디스크에까지 나아갔다.

그는 이렇게 말했다.

"여러 가지 색깔들이 보이고 그것들이 밝게 빛나다가 나중에는 다시 커질 것입니다."

모두 6시간이 걸렸다. 이 과정을 마쳤을 때 나는 새롭게 치유되었다. X레이 사진을 다시 찍었지만 퇴행성 디스크는 보이지 않았다. 의사들은 이 사실을 믿을 수 없어했다. 그들은 디스크가 바뀔 수는 없다고 했다. 한 번 나빠지면 끝인 것이다. 그것은 의료계에서 볼 때 기적이었다.

하지만 실제로는 기적이 아니었다. 다만 진실에 대한 의사들의 소견이 내 경우에는 적용되지 않았을 뿐이다. 의학 모델은 갱생 의학보다 치료 의학에서 나온다. 나는 낫고 싶었고 치유될 것을 믿었기 때문에 치유되었다.

잭이 겪었던 사고

친구들과 서부 메사추세츠에 있는 작은 연못에서 수영한 적이 있었다. 나는 물 바깥으로 나오다가 연못 바닥에 있던 깨진 병을 밟고 말았다. 발바닥에 3인치나 되는 상처를 입었고 상처에서는 피가 줄줄 흘러내렸다.

연못에서부터 자동차를 세워 놓은 큰길까지는 한참을 걸어가야 했다. 나는 오레곤에 있는 치유사 잭 슈왈츠 박사의 책에서 읽었던 자기 치유법을 쓰기로 했다.

우선 출혈을 멈추게 하려고 발을 수건으로 꽉 싸매었다. 그러고는 눈을 감고 그 상황에서 할 수 있는 가장 편안하고 집중된 상태로 들어갔다. 다음에는 나 자신이 반대편에 앉아 있는 듯 3차원 이미지를 시각화했다. 그리고 확대시켜서 워싱턴 D. C.에 있는 링컨 기념관의 에이브러햄 링컨 동상만큼이나 크게 했다.

나는 잭 캔필드의 '동상에게로' 걸어가 '관리실이라고' 적힌 문을 열었다. 관리실로 들어간 나는 닭장망 철사와 시멘트, 페인트 그리고 여러 가지 도구들을 꺼냈다. 그러고는 찢어진 발을 철사로 수선하고 시멘트와 석고로 덮은 다음, 마르기를 기다렸다가 동상의 다른 부분과 똑같아 보일 때까지 페인트를 칠했다.

다음에는 도구들을 던져 놓고 문을 닫은 뒤에 원래의 내 안으로 돌아와 앉았다. 마지막으로 동상을 정상적인 크기로 줄여 놓고 즐거워하면서 다시 마음속의 내가 되었다.

이 모든 과정이 대략 15분에서 20분쯤 걸렸다. 눈을 떠서 발을 보았을 때는 피가 멈춰 있었고 피딱지도 없었다. 그저 깨끗한 피부 한 꺼풀이 있었다.

깊은 상처는 기적적으로 아물었다. 나는 1마일이 못 되는 길을 걸어서 큰길로 나갔다. 약간 절뚝거리긴 했지만 상처가 다시 찢어지지는 않았다. 다음날은 맨발로 배구를 할 정도가 되었다.

의사는 정말 놀라워했다. 정상대로라면 그런 큰 상처는 다섯 바늘은 꿰매야 하고 아물기까지 5일은 걸린다고 했다. 마음과 정신이 가진 치유의 힘과 에너지를 적절히 사용하면 당신의 몸은 정말 놀라운 일을 해낼 수 있다.

물론 우리는 이 방법을 병원에서 치료받는 사람에게 권하지는 않는다. 의사와 함께 이에 대해 논의할 필요가 있기 때문이다. 하지만 당신은 의학적인 치료와 수술 말고도 다른 대안이 있음을 인식해야 한다. 당신에게 필요한 것은 의식 수준을 넓히고, 막연한 느낌을 바꾸기 위해 사고방식을 바꾸는 일이다.

절대적인 행복을 목표로 삼아라

이 장 처음에서 언급했던 것처럼 건강은 매우 중요하나 행복의 한 요소일 뿐이다. 건강은 당신이 균형 잡힌 삶을 살게 하고, 부유해지도록 에너지를 제공하며, 사랑을 주고받게 하고, 정신적 사회적 영적 성장을 강화시킨다.

캘리포니아주의 오렌지 카운티에 사는 패티 윌슨의 실화로 이 장을 마무리하겠다.

어리고도 여린 나이에 패티는 의사에게서 자신이 간질환자라는 진단을 받았다. 그녀의 아버지 짐 윌슨은 아침마다 조깅을 하곤 했는데, 어느 날 패티가 치열 교정기를 한 채 웃으며 말했다.

"아빠, 내가 정말 정말 하고 싶은 일은 매일 아빠하고 뛰는 거예요. 하지만 발작할까 봐 무서워요."

"발작을 일으키면 아빠가 보살펴 줄 수 있단다. 그러니 달리기를 시작하자꾸나."

그들은 매일같이 달리기를 했다. 두 사람이 함께 달리기를 하면 보낸 시간은 매우 멋진 경험이었고 패티는 달리는 동안 한 번도 발작을 일으키지 않았다. 몇 주 뒤에 그녀가 아버지에게 말했다.

"아빠, 내가 정말 정말 하고 싶은 일은 여자 달리기 세계 최장 기록을 깨는 거예요."

그녀의 아버지는 기네스북을 확인하여 그때까지 여자가 뛰었던 가장 먼 거리가 80마일임을 알아냈다. 패티는 그것에 대해 오래도록 생각했다. 그리고 나서 고등학교 1학년 때 이렇게 선언했다.

"오렌지 가운디에서 샌프란시스코까지 뛰겠어요."(그 거리는 4백 마일이다!)

그녀는 계속해서 말했다.

"2학년이 되면 오레곤주 포틀랜드까지 뛰겠어요." (그 거리는 천 5백 마일이 넘는다!)

"3학년이 되면 세인트루이스까지 뛰겠어요." (약 2천 마일)

"4학년이 되면 백악관까지 뛰겠어요." (3천 마일이 넘는다!)

그녀의 약점에 비추어 볼 때 패티는 열정적이면서 야심 차게 행동하고 있었다. 그녀는 간질환자라는 약점을 '하나의 불편함'이라고만 생각했다. 자신이 잃은 것에 초점을 맞추기보다 자신에게 남은 것에 초점을 맞추었다.

그해, 그녀는 '나는 간질환자를 사랑합니다.'라고 적힌 티셔츠를 입고 샌프란시스코까지 완주했다. 아버지도 내내 그녀의 곁에서 뛰었다. 간호사인 어머니는 일이 잘못된 경우에 대비해 이동 주택 차량을 타고 뒤를 따라왔다. 얼마나 사이좋은 가족인가!

2학년이 되자 패티의 같은 반 친구들이 그녀를 응원했다. 친구들은 '달려라, 패티. 달려!'(이후로 이것이 패티의 좌우명이자 자신이 쓴 책의 제목이 되었다)라고 적힌 커다란 포스터를 만들었다. 하지만 그녀는 포틀랜드로 향하는 두 번째 마라톤을 하던 중에 발에 골절상을 입고 말았다. 의사는 달리기를 멈춰야 한다고 말했다.

"영영 다리를 잃지 않도록 발목에 깁스를 해야겠구나."

"의사 선생님은 모르세요. 이건 일시적인 기분으로 하는 게 아니에요. 이건 장엄한 열망이에요! 난 그저 나를 위해 이 일을 하는 게 아니라 많은 사람들을 가로막고 있는 머릿속의 사슬을 끊기 위해 하는 거라구요. 계속해서 뛸 수 있는 방법이 없을까요?"

의사는 그녀에게 한 가지 다른 방법을 내놓았다. 반창고로 싸매어 줄 수 있다는 것이었다. 하지만 그렇게 하면 말할 수 없이 고통스러울 것이었다.

"물집도 생길 거야."

그러나 그녀는 반창고를 싸매고 포틀랜드까지 완주했고 마지막 1마일은 오레곤주 주지사와 함께 뛰었다. 당신은 다음과 같은 헤드라인 기사를 본 적이 있을 것이다.

'초능력 주자 패티 윌슨, 17번째 생일에 간질병 치료를 위한 마라톤을 완주하다.'

패티는 4개월 동안 거의 쉼 없이 달려서 워싱턴에 도착하여 대통령과 악수했다. 그녀가 말했다.

"사람들이 간질환자도 정상적인 삶을 사는 정상적인 인간이라는 사실을 알아주면 좋겠어요."

마크는 얼마 전에 자신의 세미나에서 이 이야기를 했는데 세미나가 끝난 뒤에 촉촉이 젖은 커다란 눈을 가진 한 남자가 그에게 다가와 두툼한 손을 내밀었다.

"내 이름은 짐 윌슨입니다. 선생님은 지금까지 내 딸 패티의 얘기를 하신 겁니다."

그는 딸의 고귀한 노력 덕택에 수백만 달러가 드는 간질병 센터를 전국에 19곳이나 세울 수 있을 만큼 충분한 모금이 이루어졌다고 말했다.

패티 윌슨이 그렇게 작은 힘을 가지고 그렇게 많은 일을 할 수 있었는데, 건강이 아주 좋은 상태에 있는 당신은 자신의 한계를 뛰어넘어 무슨 일을 할 수 있는가?

"지금부터 5년이 지나도 당신은

만나는 사람, 읽는 책, 듣는 테이프를 제외하고는

오늘과 똑같은 모습의 사람일 것이다."

찰스 존스

제10장
누구를 만나느냐가
중요하다

늘 만나고 싶어 하던 사람을 만나라

당신은 당신을 즐겁게 해 주고 당신에게 감명을 주며 당신의 성숙을 도와주는 사람들을 만나야 한다. 이것이 바로 당신이 만나는 사람들의 수와 폭을 넓히기 위해 끊임없이 노력해야 하는 이유이다. 그들 각자는 당신이 알지 못하는 마음 한구석을 비춰 주고, 예기치 못한 곳에서 자극을 준다.

마크가 늘 만나고 싶어 하던 사람은 레드 스켈톤이었다. 어느 날 마크는 공항 휴게실에서 레드가 앉아 있는 것을 보았다.

마크는 그가 대스타임을 알고 있었으므로 말 붙일 용기를 내지 못했을 수도 있다. 혹은 용기를 냈다고 하더라도 가서 몇 마디 중얼거리고는 사인을 받은 다음 곧 꽁무니를 뺐을지도 모른다.

하지만 마크는 오래전부터 언젠가는 레드 스켈톤을 만나리라 작정하고 있었다. 마크는 그의 이름을 목록에 써 놓았기 때문에 조만간 그를 만나 무언가를 배우게 되리라는 사실을 익히 알고 있었다. 따라서 마크는 레드에게 걸어가 자신을 소개하는 일이 별로 어렵지 않았다.

"스켈톤 씨, 저를 모르시겠지만 저는 당신의 팬입니다."

"날씨가 무덥군요. 내겐 팬fan,선풍기이 필요합니다."

마크는 처음에 그의 우스갯소리에 깜짝 놀랐다. 하지만 나중에는 익숙해졌다. 마크가 말했다."스켈톤 씨! 당신은 사진을 찍어 두는 것 같은 기억력을 갖고 있다던데, 사실인가요?"

"그렇습니다. 사진 현상은 잘 안 되지만요."

몇 분 안 되어서 그들은 오랜 친구처럼 웃으며 떠들고 있었다. 마크는 그와 함께 한 시간 반을 보냈다. 그들은 많은 얘기를 나눴는데, 그 가운데 하나가 방송에 관계된 것이다.

마크는 PBS에서 두어 가지 파일럿 프로그램을 맡아 달라는 요청을 받았다고 설명했다. 레드는 잘 된 일이라면서 계약서에 서명할 때는 언제나 방영권을 끝까지 요구해야 한다고 귀띔해 주었다. 그 권리는 당장에는 아무 가치가 없을지 모르지만 미래에는 상당한 값어치가 될 수도 있을 터였다.

마크는 PBS에서 그 프로그램들을 맡기로 결정했다. 물론 계약서에 서명할 때는 모든 방영권을 자신이 보유한다는 사실을 분명히 해 두었다. 얼마 뒤에, PBS는 로널드 레이건이 1조 6천만 달러의 재원 보충을 거부하는 바람에 그 프로그램들로 벌 수 있을 돈을 전부 잃게 되었다. 그때 방영권을 가지고 있던 마크에게 25만 달러의 가치가 있는 촬영분이 넘어왔다. 그것도 공짜로 말이다! 지금 마크는 그 필름을 소중한 홍보 자료로 쓰고 있다.

보다시피 이 일은 마크가 특별히 똑똑한 친구라서 가능했던 것이 아니다. 자신의 경험에서 나온 통찰력을 마크에게 전해 준 레드 스켈톤과의 만남 때문이었다. 그 만남이 마크의 미래에 적잖은 이익을 가져온 것이다.

누구를 만날지 글로 적어라

누군가를 만나겠다고 생각하는 것과 그 내용을 적어 두는 것은 별개이다. 지금까지 살펴보았듯이 무슨 일이든 글로 적어 두면 그 일에 전념하게 된다. 당신이 하고 싶어 하는 것을 의식이 알게 되고 잠재의식은 그 일을 어떻게 해낼지 찾아야겠다고 깨닫는다.(잠재의식을 좀 더 자극하기 위해서는 만나고 싶은 사람들에게 물어 보고 싶은 열 가지 질문들을 써 놓는 것도 좋겠다.)

다양한 사람들을 만나겠다는 목표를 정해라

당신과 사뭇 다른 삶을 살아온 사람들을 만나면 당신의 삶은 이루 헤아릴 수 없이 풍요로워진다. 우리는 현실 속의 '인디아나 존스' 라고 할 수 있는 존 고다드를 만나 그 느낌을 경험했다.

존은 세계에서 가장 위대한 탐험가이자 모험가이다. 그는 열다섯 살 때 127가지의 목표를 담은 '평생 해야 할 일' 을 적었는데, 거기에는 나일강, 아마존 강, 콩고강을 탐험하는 것과 에베레스드산, 킬리

만자로산 등정, 코끼리, 타조, 야생마를 타는 것, 마르코 폴로의 여행지를 되짚어 가 보는 것 등이 포함되어 있었다. 또 성경을 다 읽고, 셰익스피어, 플라톤, 아리스토텔레스의 저작들과 백과사전 전편을 통독하겠다고 결심했으며, 전 세계 모든 국가를 돌아보고 책을 쓰고 싶다고도 썼다.

예순여덟 살인 존은 지금까지 114개의 목표를 달성했고 열다섯에 시작했던 나머지 목표들을 이루기 위해 정력적으로 전진하고 있다.(물론 그는 그간의 세월 동안 계속해서 목록을 늘려 왔다.) 재미있는 것은, 그가 열다섯 살에 작성한 125번째 목표가 달에 가 보는 것이라는 점이다.

그의 꿈과 세상의 기술이 합쳐지면 이 목표도 이루어질지 모르겠다.

존은 우리보다 훨씬 더 모험을 좋아한다. 우리는 오지에 어느 정도 두려움을 가지고 있다. 혼자서는 절대 들어가지 않는다.

근래에 마크는 존에게서 거의 아무도 가 본 적이 없는 산타 아니타 협곡에 도보 여행을 가자는 전화를 받았다. 마크에게 이런 전화가 온 까닭은, 그가 자신이 알고 지내는 사람들의 범위를 넓혀서 존과 같이 뛰어난 명성을 가진 사람들을 목록에 포함시켰기 때문이다.

18명의 모험가 지망자들이 로스앤젤레스 근교에 있는, 농장 같은 존의 집에 모였다. 그들은 그의 집(마치 박물관 같아서 하나밖에 없는 유물들과 사본들, 예술품들이 있다)을 재빠르지만 의미 있게 돌아보고는 출발했다.

그들은 각자 자신을 소개했고 모두 존의 친구라는 공통점이 있음을 알았다. 그들은 한 사람 한 사람이 재미있고 도전적이어서 여행을 시작하기도 전에 마음 한구석을 밝혀 주고 감명을 줄 수 있는 18명의 새로운 친구들을 갖게 되었다.

꿈을 도둑맞은 사람들에게

도보 여행의 첫 대목은 산들바람이었다. 존은 어린 시절부터 겪어 온 그곳 산길에 얽힌 경험들을 털어놓았다. 샘터에서 점심을 먹고 난 후 존이 말했다.

"이쪽이나 저쪽으로 산을 오를 수 있을 겁니다."

마크는 고개를 들어 위를 바라보았다. 양쪽 모두 가파르게 보였다. 그는 존이 농담을 하고 있다고 생각해서 친구 메리에게 이렇게 말했다.

"메리, 당신은 수영을 빼어나게 잘하니까 폭포를 거슬러 올라가지 그래요?"

모두가 웃음을 터뜨렸다. 그러고 나서 그들은 아무런 등정 장비도 없이 산의 종단면을 오르기 시작했다. 존이 말했다.

"나만 따라오십시오. 내가 밟는 데만 밟구요."

33년 동안 단 한 번도 사고를 당한 적이 없는 쉰두 살의 스턴트맨 로렌이 무리의 뒤를 따라가며 그들의 안전을 지켰다. 산을 오를수록 등정 길은 직선에 가깝다는 걸 느낄 수 있었다. 마크는 심장이 뛰기 시작하면서 이런 사실을 알았더라면 절대로 오지 않았을 거라고 생각했다. 하지만 그가 존 고다드를 알지 못했다면 여기에 초대받지도 않았을 터였다.

마지막 3피트에서는 두 사람의 보조자가 마크를 낭떠러지에서 끌어올려 주었다. 마크는 기쁨과 환희를 느꼈으며 꼭 다시 태어난 기분이었다. 마침내 해낸 것이다.

그러나 그곳은 잠시 쉬어가는 장소에 불과했다. 존은 그들에게 다음 휴식처에서 얘기할 수 있도록 자신의 가장 아찔했던 경험과 대단했던 모험을 생각해 두라고 당부했다. 그러자 메리가 이렇게 소리쳤다. "이 여행이 바로 그거예요."

그들은 울창한 수풀을 헤치며 앞으로 나아갔다. 어떤 곳에서는 빽빽한 덤불을 쳐내 가며 손과 무릎으로 기어가야 했다.

절벽을 타거나 방울뱀이 창궐하는 지역을 걸어서 통과할 때면 존은 꼭 이렇게 말했다.(그는 마크와 1피트도 채 떨어져 있지 않은 덤불에서 나온 5피트짜리 둥근 머리 뱀을 낚아채기도 했다.)

"앞쪽에 험한 곳이 있습니다."

그들은 지나간 지 얼마 안 되어 보이는 코요테 늑대와 흑곰, 사슴의 흔적을 보기도 했고, 2백 년 된 웅장한 소나무 밑을 걷기도 했다.

다음 휴식처에서 존은 사람들에게 눈을 감으라고 하고 3분 동안 야생의 소리를 듣게 했다. 그리고 집중과 전념, 관찰의 힘에 대해 얘기했다. 놀랍게도 그는 서로 다른 여섯 종류의 벌레와 새소리를 구분하여 설명해 주었다.

마침내 여행을 마치고 돌아왔을 때 마크는 평생 해야 할 경험을 다한 느낌이 들었다. 하지만 존은 세월을 세워 둘 수 없다는 듯 마크에게 다음 겨울에는 개 썰매를 타고 옐로우스톤을 돌아보자고 청했다.

마크가 산타 아니타 협곡을 경험하지 않았다면 오늘날의 그와는 좀 달랐을 것이다. 그리고 그가 친구의 범위를 넓히지 않았다면 존 고다드를 알지도 못했으며 초청받지도 못 했을 것이다.

그때 이래로 존은 계속해서 우리 두 사람에게 더 크고 대담한 목표를 세우라고 권하고 있다.

당신의 영웅을 만나라

만나고 싶은 사람들을 적은 목록에서 '만날 가능성이 없는' 사람들을 빼 버릴 필요는 없다. 온 세상이 다 당신에게 열려 있기 때문이다. 당신이 정말로 만나고 싶은 사람은 그 누구라도 만날 수 있다. 하지만 당신이 그 이름을 목록에 올려놓지 않으면 그 사람과 마주칠 가능성은 훨씬 더 멀어진다. 마크는 십 년 전에 빌리 그래함 목사를 만나고 싶다고 적었다. 그는 우연히 마주칠 수 있는 사람도 아니고 전화를 걸어 "빌리, 지금 시내에 있으면 점심이나 같이 먹자구"라고 말할 수 있는 사람도 아니다. 《새터데이 이브닝 포스트Saturday Evening Post》 지에 따르면 그는 세상에서 가장 널리 알려진 복음 전도자이다.

그는 한국에서 백만 명이나 되는 사람들이 모인 곳에서 설교했던 적도 있다. 칠십 줄에 들어섰음에도 '하나님 아버지의 사업'에 열심인 그는 황금 시간대의 전국 TV 방송에서 수백만 명에게 설교를 한다. 매년 새로운 책을 쓰며, 미니애폴리스 십자군 위원회의 다양한 활동에도 참여하고 있다.

> 기억하라. 당신이 만날 준비가 되어 있는 사람은
> 당신을 만날 준비가 되어 있는 사람이다.

어떻게 그래함 목사를 만날 수 있을까? 마크는 이 도전적인 문제를 잠재의식에 있는 '내면의 지혜'에 맡겨 놓고 빌리 그래함을 만나고 싶다고 적었다.

일 년이 못 되어 그는 그래함 목사를 만났다. 그것도 즐겁고 아주 만족스럽게. 모두가 불가능하다고 말했음에도 불구하고 그 일은 이루어졌다.

사건은 캘리포니아 주 뉴포트 해변에 있는, 존 웨인 공항 근처 마크의 집 부근에서 일어났다. 강연 약속이 있었던 마크는 아내 패티와 함께 비행기를 타고자 했다. 하지만 공항에 도착하니 이렇다 할 사후 설명도 없이 한 시간 반 동안 공항이 폐쇄된다는 것이었다.

그들은 음식 맛이 좋은 델라니라는 근처 식당에서 한 시간을 보내기로 했다. 식사를 하고 있을 때 미국 연방항공국 FAA의 부국장인 캐럴 브라운이 식당으로 들어왔다. 그들은 그녀와 합석하여 공항이 왜 폐쇄되었는지 물었다.

캐럴이 궁금증을 풀어 주었다.

"빌리 그래함 목사가 비행기를 타고 도착할 예정인데, 그의 목숨을 위협하는 협박 시도가 있었어요. 그래서 보안이 강화되었고 일시적으로 사람들을 되돌려 보내고 있는 거지요."

말이 떨어지자마자 마크가 물었다.

"캐럴, 우리가 그분을 만날 수 있을까요?"

그녀는 고개를 저었다.

"두 분을 보안국장에게 소개는 시켜 드리죠."

곧 그녀는 그들을 안전 지역으로 데려갔는데, 거기에는 스무 명쯤 되는 건장한 무장 보안 요원들이 서 있었다. 모두 긴장하고 있는 눈치였다. 특히 그래함 목사를 보호해야 할 책임이 있는 보안국장은 더 심해 보였다. 국장은 마크의 요청을 깨끗이 거절했다.

하지만 마크는 운명이 자신의 뜻을 방해하도록 내버려 두지 않았다. 그는 터미널 안에서 그래함 목사가 비행기를 빠져나오는 것을 보았다. 그래함 목사는 검은 피부에 키가 컸고, 품위 있으며 침착한 모습이었다. 함께 내리던 다른 승객들은 자신들이 이렇게 유명한 사람과 함께 비행기를 타고 왔다는 사실을 잘 모르는 듯했다.(아마도 그가 두꺼운 선글라스와 회색 모자를 쓰고 있었기 때문일 것이다.)

보안 요원들이 그를 둘러싼 채 평범한 스테이션 왜곤이 여러 대 서 있는 곳까지 모시고 갔다. 그러고 나서는 이상하게 대부분의 요원들이 자리를 떴다. 아마도 그의 짐을 가지러 가는 듯 싶었다. 마크는 그 기회를 놓치지 않았다.

마크는 기분 좋고 친근하게 그래함 목사에게로 다가가 그의 손을 꼬옥 잡았다. 그의 타고난 카리스마, 매력, 그리고 광채가 한눈에 드러났다.

마크는 지난 수년간 자신이 적어 놓았던 목록을 되짚으며 그의 이름을 다시 읽을 때마다 마음속으로 물었던 질문을 던졌다. 목사는 즐거운 듯이 모든 질문에 대답해 주었으며 마크에게도 묻고 싶은 이야기들을 꺼냈다. 그래함 목사가 떠나기 전 두 사람은 꽤 긴 시간 동안 얘기를 나누었다.

마크가 십여 년 전 자신이 만나고 싶은 사람들의 목록에 그래함 목사의 이름을 써넣지 않았다면 어땠을까? 기회가 생겼어도 그처럼 그래함 목사를 만나기 위해 대담하게 다가가지 못 했을 것이다. 설령 갔다 하더라도 무슨 말을 해야 할지 몰라 쩔쩔맸을 것임에 틀림없다.

우리가 만나고 싶은 사람들의 목록

우리는 만나고 싶은 사람들의 이름을 적는다는 생각에 몹시 고무

되어 분야별로 나누어 목록을 만들었다. 우리는 만나고 싶은 사람을 만나게 될 때마다 이름 옆에다 '승리!' 라고 쓴다. 목록에서 알 수 있듯 아직 모든 사람을 다 만난 것은 아니다.

다음은 우리 두 사람이 목록을 합하여 적은 이름들이다.

작가
1. 오그 만디노-승리!
2. 마이클 르뵈프-승리!
3. 제리 질리스-승리!
4. 돈 디블-승리!
5. 램 다스-승리!
6. 앨리자베스 퀘블 로스-승리!

강연자
1. 캐빗 로버트-승리!
2. 지그 지글러-승리!
3. 마이크 반스
4. 피터 드러커
5. 짐 론-승리!
6. 노만 빈센트 필-승리!

사업가
1. '그 이름도 유명한' 월리 아모스-승리!
2. 피터 유베로스-승리!

3. 피터 토마스−승리!

4. 도널드 트럼프

5. 피터 다니엘즈−승리!

6. W. 클레멘트 스톤−승리!

7. 조 겐돌포−승리!

연예인과 정치인

1. 델라 리스−승리!

2. 데이비드 비스콧−승리!

3. 자니 카슨

4. 밥 호프−승리!

5. 데이비드 포메란즈−승리!

6. 로버트 레드포드

7. 레드 스켈톤−승리!

자신의 목록을 만들어라

백지 한 장에 1부터 100까지 일렬 번호를 매긴 다음 머릿속에 떠오르는 이름부터 적기 시작하라. 아마도 당신은 TV나 영화, 음악 방면의 유명인들을 끄적이게 될 것이다. 특정 지역이나 전국에서 유명한 정치인을 덧붙여도 된다.

나중에는 좋아하는 잡지나 책을 읽으면서, 그러니까 당신이 노력을 쏟고 있는 분야나 특별히 관심 있는 분야의 사람들이 어렴풋이 떠오르기 시작한다.

　기억하라. 당신의 목적은 목록에 올라 있는 사람들을 만나 당신
의 삶을 풍성하고 생기 있게 만드는 데 있다. 당신은 그들에게서 그
들의 목표, 가치, 믿음, 의심, 두려움을 배우고, 내면에는 존재하지
만 이전에 알지 못했던 새로운 수준의 잠재력에 눈뜨게 된다. 또 당
신의 상상력이 구체성을 띠고 생생해지며 새로운 느낌의 흥분이 당
신의 사고에 침투한다. 당신은 이렇게 말할 것이다. "그들이 했다면
나도 할 수 있다!"

자신의 목록에 적어 놓은 사람을 만나라

　인력의 법칙에 의하면, 충분히 오랫동안 그리고 깊이 생각한 것은
무엇이든 경험이 가능하다. 만일 당신의 목표가 누군가를 만나는 것
이라면 그 누군가는 당신을 만나는 자리에 나올 것이다. 인력의 법
칙이 당신을 끌어당긴다. 기회를 잡아 무엇을 할 것인지는 당신에게
달려 있다.

우리 몸이

영양가 없는 인스턴트 음식을 먹는 것보다

우리 마음이

영양가 없는 TV와 뉴스를 흡수하는 것이

더 위험하다.

제11장

마음을
강하게 만들어라

마음을 움직여라

사람은 누구나 180억 개의 뇌세포를 가지고 있고 그 세포들은 쓰이기를 열렬히 바라고 있다. 하지만 당신이 실제로 사용하는 뇌세포는 얼마나 되는가?

과학자들에 의하면 사람은 자신이 가진 정신능력의 10퍼센트밖에 쓰지 못한다고 한다. 나머지 90퍼센트를 활용할 수만 있어도 얼마나 많은 것들을 이루어 낼지 한번 생각해 보라!

당신은 이렇게 말할지도 모르겠다.

"어쩌면 나의 뇌는 쓰이지 않는 부분이 더 많을지도 몰라. 하지만 어떻게 접근해야 할까? 어떻게 해야 뇌가 나를 위해 움직이도록 만들까"

이것이 바로 이번 장의 주제이다. 마음을 움직여서 원하는 것은 무엇이든 얻게 만드는 방법을 알아보자.

목적을 세워라

우리는 이미 삶의 목적을 세워야 할 필요성에 대해 이야기했다. 조금만 확장시켜 보자면, 삶의 목적은 당신을 길에서 빗나가지 않도록 밝혀주는 안내자인 북극성과 같다.

따라서 당신은 목적을 가져야 한다. 목적이 없으면 당신은 방황하고 흔들리며 아무것도 할 수 없다. 과거에 이룬 것들은 공허해 보이고, 미래는 불확실해 보이며, 현재는 혼돈스럽다. 그러나 목적이 있으면 모든 것이 제 자리에 잡는다. 인생을 결정할 수 있는 기초가 생긴다. 그러므로 목적을 정하는 것은 마음으로 해야 할 첫 번째 과제이다.

여기에 당신의 인생 목적이 무엇인지 알아볼 수 있는 방법이 있다. 『나 자신을 사랑하라Love me, Love myself』의 저자 번 블랙이 쓴 것이다.

당신의 목표는 다음 질문에 대답하는 것이다.

"나의 인생 목적은 사람들을 _____것이다."

번은 다음 말들 가운데서 하나를 선택해 빈칸을 채우라고 한다.

돕다	자유롭게 하다	조직하다
감명을 주다	유효하게 하다	세련되게 하다
촉진하다	안내하다	힘을 주다
기록하다	인정해 주다	영향력을 미치다
지원하다	힘을 실어 주다	동기를 부여하다

| 넓히다
섬기다
능력을 부여하다 | 발견하다
준비시키다
격려하다 | 고양시키다
강화하다
자극하다 |

이 첫 단계를 마치면 당신의 인생 목적이 무엇인지 아주 대략적인 생각을 얻을 수 있을 것이다. 다음은 그 생각을 구체화시켜야 한다. 여기에 도표가 있다.

"내 인생의 목적은 _____이다."

이제 당신이 처음에 만들었던 문장을 확장하면서 다음과 같이 빈 칸을 채운다.

	돕고 싶은 대상	함께 이루고 싶은 목표	당신이 할 수 있는 행동
내 인생의 목적은	모든 사람들이	자기실현을 하도록	돕는 것이다.
내 인생의 목적은	아이들이	행복해질 수 있도록	능력을 키워 주는 것 이다.
마크 빅터 한센의 인생 목적은	가능한 많은 사람들이	인생의 승자가 되도록	교훈, 즐거움, 정보, 가르침, 힘, 생명력 을 주는 것이다.
잭 캔필드의 인생 목적은	사람들이	사랑과 기쁨 속에서 가장 이상적인 삶을 살도록	감명과 힘을 주는 것 이다

당신의 인생 목적은 무엇인가? 빈칸을 채워 알아 보라.

마음의 힘을 키우는 여섯 가지 방법

한 번 목적이 생기면 모든 영역, 특히 마음은 앞으로 전진할 수가 있다. 당신의 방향을 이끄는 것은 마음이므로 마음이야말로 원하는 결과를 얻는 가장 결정적인 영역이라 하겠다. 다음은 원하는 결과를 얻기 위해 사용할 수 있는 여섯 가지 방법이다.

방법 1-바른 것을 읽는다

윌 로저스는 이렇게 말했다.

"내가 아는 것은 신문에서 읽은 것뿐이다."

이것이 얼마나 서글픈 얘기인지 생각해 보라. 대부분의 경우, 신문은 나쁜 소식만 싣는다. 신문에서 힘이 되는 뉴스, 감동을 주는 뉴스, 멋진 뉴스를 마지막으로 읽은 것이 언제인가? 그런 뉴스는 없다. 편집자들과 기자들은 나쁜 뉴스가 아니면 뉴스가 아니라고 말한다.

이것이 바로 신문 아닌 다른 것들을 읽어야 하는 이유이다.(그래도 신문을 계속 읽어야겠다면 적어도 잠자리에 들기 직전에는 읽지 마라. 자기 전에 신문을 읽으면 부정적인 생각이 당신의 마음을 밤새도록 덮어 버릴 수도 있다.)

책, 그것도 좋은 책을 읽어라. 목적이 있는 사람은 목표를 향한 길로 안내해 주는 책들을 가리지 않고 읽는다. 누구나 지도자leaders란 책 읽는 사람readers임을 본능적으로 알고 있다.

책을 읽을 수 있는데도 읽지 않는 사람은 읽을 수 없는
사람보다 나을 게 없다.

경제 분야의 동기 부여 강연자인 짐 론은 성공하기 위해서는 일주
일에 두 권의 책을 읽는 훈련이 필요하다고 주장한다. 일주일에 두
권이면 일 년에 약 백 권이다. 그는 짓궂게 말한다.

"지난 10년간 그런 식으로 책을 읽었다면 당신은 남보다 천 권의
책을 더 읽었을 것이고, 그렇지 않다면 천 권의 책을 덜 읽은 것이다."

방법 2-마음을 나누어라

첫 번째는 책뿐만이 아니라 사람의 마음을 읽는 법을 배우는 것
이다.

마음을 읽는 기술을 완벽히 연마할 수 있으면 이미 절반은 성공한
셈이다. 사람을 정확히 관찰할수록 빠른 시간 안에 그들의 습관 형태
를 식별하여 미래의 행동을 예측할 수 있다.

당신이 어떤 사업을 하는지는 문제가 되지 않는다. 우리 모두는 사
람이라는 사업을 하고 있다.

두 번째는 다른 사람의 마음을 읽은 뒤에는 당신과 교감이 있다고
판단되는 사람들과 마음을 나누는 것이다. 우리는 이것을 '적극적 교
감masterminding'이라고 부른다.

적극적 교감에는 다른 사람과 정기적으로 모임을 갖는 일도 포함

된다. 특히 우리가 선호하는 방식은 여러 사람으로 이루어진 지원 그룹 겸 아이디어 제공 그룹을 만나는 것이다.

우리는 서로의 사상에 도전하며 상대방의 정신 능력을 고양시키기 위해 애쓴다. 그에 대한 보답으로 상대방도 우리의 정신 능력을 제고시키기 위해 노력하고, 그 결과 모든 참가자가 정신적으로 성장한다.

당신이 적극적 교감의 경험을 갖추고 다른 사람들과 조화로운 관계를 맺으면 당신의 정신적 능력과 힘이 폭발적으로 발휘된다. 다른 사람들의 도움으로 당신은 갑자기 불굴의 인간이 되는 것이다.

마크는 스물여섯 살 때 뉴욕에서 첫 번째 적극적 교감을 경험했다. 그때 그는 막 파산한 상태였다. 그는 자신의 보험 대리인, 체이스 맨해튼 은행 이사, 부동산 투자가, 5천 명의 성도를 섬기는 목사, 요가 수련자 그리고 아메리칸 메디컬 스플 라이시 출신의 판매사원과 자리를 함께했다.

그들은 다음 한 주 동안 세상에 나아가기 위해 매주 목요일 아침 7시 반에 만났다. 그들이 한 일은『삶은 생각하는 대로 이루어진다 Think and Grow Rich』를 읽고 계속해서 서로의 마음을 격려하는 것이었다. 또 문제 해결의 실마리와 사업 아이디어를 나누었고 그러면서 서로에게 도움을 주었다.

> 자신감과 성공, 부를 자석처럼 끌어당길 수 있도록
> 마음을 훈련할 수 있다.

서로 다른 그들은 모임을 끝내고 걸어 나가면시 서로를 붙들고 이렇게 말하곤 했다.

"함께 갈까요? 당신이 어떤 일을 하는지 모릅니다만 분명 그 일을 좋아하시는 것 같군요."

#두려움 없이 마음을 나누어라

어떤 사람들은 마음의 힘은 돌고 돌 뿐이어서 다른 사람과 나누면 자신에게는 손실이 되고 상대에게는 이득이 된다는 잘못된 인상에 사로 잡혀 있다. 한시도 이것을 믿어서는 안 된다.

헬렌 켈러는 이렇게 말했다.

"당신이 어둠 속에 있다면 내 촛불을 가져다가 당신 초에 불을 밝혀라. 그렇게 하면 당신도 빛을 갖게 되고 내 촛불도 꺼지지 않는다."

헬렌 크로머는 이 같은 진리를 직접적으로 언급하는 시를 썼는데 이는 핵심에 훨씬 더 가깝다.

깨어 있는 한 마음은 다른 마음을 깨우네.

깨어난 두 번째 마음은 옆집 형제의 마음을 깨우네.

셋은 마을을 속속들이 뒤집어

마을 전체를 깨우네.

많은 마음들이 깨어나 큰 소동을 일으킬 수 있다면

마침내 남은 우리들도 깨어난다네.

방법 3-'제자'가 되라

'제자'는 스승 밑에서 공부하는 사람이다. 마음을 계발하고 싶다면 최고의 선생을 찾아라. 그리고 그들이 하는 말을 듣고 그들의 인도를 받아라.

이것은 아무리 강조해도 지나치지 않다. 마크의 스승은 벅민스터 풀러였는데, 마크는 그에게서 말할 수 없이 많은 삶의 모습들을 배웠다. 풀러가 그저 그런 사람이었다면 마크도 배우는 게 그리 많지 않았을 것이다.

풀러는 레오나르도 다빈치 같은 르네상스형 인간으로서 탁월한 천재이자 사상가였다.

어떻게 위대한 선생들을 찾을까? 한 가지 방법은 당신이 따르고 싶어하는 위대한 사람들과 대스타들을 만나는 것이다. 그들을 만나면 그들의 선생이 누구인지 물어라. 그들은 늘 여러 사람의 이름을 대면서 자신의 삶에 미친 엄청난 영향력을 설명한다.

세상에는 훌륭한 스승을 만날 수 있는 온갖 종류의 기회들이 있다. 하지만 누군가에게 개인적으로 다가갈 수 없다면 다른 기회를 만들 수도 있다.

예를 들어, 로버트 슐러 박사는 '가능성을 생각하는 사람들' 이라는 제목 아래 만찬을 연다. 또 많은 단체들이 동기 유발을 위한 세미나를 주관하고 있다. 그러니까 당신이 어디에 살든 언젠 몇 가지 세미나가 진행된다는 것이다. 적어도 한 달에 한 번은 이런 모임에 참석할 것을 권한다. 위대한 스승은 사람들에게 강연을 하기 위해 언제나 전국을 돌아다닌다. 그들이 당신이 사는 지역에 오면 그들의 강연을 듣는 것을 당신의 업무로 만들어라.

다음은 우리가 추천하는 사람들의 목록 가운데 일부이다.

셰일라 머레이 베델

루이스 헤이

크리스 헤거티

오그 만디노

댄 맥브라이드

테리 맥브라이드

하비 맥케이

밥 프록터

마크 로드

나오미 로드

토니 로빈스

캐빗 로버트

짐 론

로버트 슐러

마샬 더버

브라이언 트레이시

데니스 웨이틀리

조엘 웰든

지그 지글러

각각의 연사는 서로 다른 주제를 가지고 이야기한다. 동기 유발일 수도 있고 사업 성공, 사랑, 혹은 그 외 다른 것일 수도 있다. 하지만 그들은 자신들의 특정한 화제와는 별도로 당신에게 용기와 감명을 주고, 당신 안의 위대함을 불러내는 능력을 공통적으로 갖고 있다.

이런 사람들의 강연에 적어도 한 달에 한 번은 참석하기 바란다. 열두 명의 뛰어나고 감동적인 강연자한테 열두 가지 강연을 듣고 나면 한가지 이상은 당신 내면으로 들어가 당신의 진정한 잠재력을 밝혀 줄 것이다.

당신이 일단 자신의 잠재력을 보기만 하면, 그 잠재력을 발휘하기 위해 반드시 전진을 시작한다. 이제 그에 따른 풍요로움이 당신을 따라오는 것은 당연하다.

> 가슴에 두 손가락을 얹고 크게 소리친다.
> "나는 내 한계를 넘어설 것이다. 나는 내가 가진
> 진정한 능력이 어떤 것인지 알아내고야 말 것이다."

방법 4-감명과 교훈을 주는 테이프를 들어라

청력이 손상된 사람들을 제외하면 살아 있는 사람들은 모두 테이프의 소리를 들을 수 있다. 테이프 듣기가 습관이 되고 취미가 되면 침체되어 있거나 힘이 빠져 있을 때 삶에 힘이 된다. 우리는 이것을 몸소 겪어서 알고 있다.

마크는 파산한 직후에 그가 맞닿을 수 있는 최악의 구렁텅이에 빠져있었다. 사실 그는 너무나 침체된 상태여서 만약 강연 테이프가 없었다면 거기에 영영 머물러 있었을지도 모른다.

마크는 파산하기 얼마 전에 미국 강연자 협회장인 캐빗 로버트에게서 테이프 하나를 받았다. 그 가치를 알지 못한 마크는 당시에는 그 테이프를 듣지 않았다. 그 속에 자신의 삶을 나은 방향으로 변화시켜 줄 힘이 있다는 사실을 이해하지 못한 것이다.

하지만 파산한 그는 그 어떤 도움이라도 받아야 했다. 그래서 '

당신은 원인입니까 결과입니까?' 라는 제목의 그 테이프를 들었다.

들고 또 들어서 실제로 한 마디 한 마디를 전부 기억할 수 있을 지경이 되자 그는 다른 테이프를 구했다. 테이프가 그를 바닥에서 건져 올린 것이다. 테이프는 그의 목숨을 구했다.

잭이 이와 비슷한 경험을 한 것은 마크의 '자신의 능력 이상을 발휘하는 법' 이라는 테이프를 들으면서였다. 그는 그 테이프를 적어도 50회이상 들었다. 부자가 되려는 의식과 최고로 능력을 발휘할 수 있는 아이디어들이 그의 잠재의식에 새겨져 지워지지 않았다. 2년이 지난 후 잭의 수입은 두 배로 뛰었다!

우리는 얼 나이팅게일이 말하고자 하는 바를 진정으로 이해한다. 그는 이렇게 말했다.

"인쇄물의 발명 이래로 가장 중요한 기술의 진보는 테이프를 듣게 된 것이다. 그 이유는 청력이 손상된 사람들을 제외하면 60억 인구의 거의 100퍼센트가 모국어로 된 것을 들을 수 있기 때문이다."

물론 그가 뜻한 바는 인쇄된 언어를 읽는 사람들의 10배에 해당하는 사람들이 테이프에 녹음된 언어를 들을 수 있다는 것이다.

#테이프는 글보다 빠르다

테이프 하나를 듣는 데에는 긴 시간이 걸리지 않는다. 하루에 30분씩 일 년만 투자해도 하루 여섯 시간씩 꼬박 한 달을 공부한 셈이 된다.

테이프 듣기는 차를 타고 회사를 오가면서도 할 수 있다. 캐빗 로버트는 이렇게 말한다.

"차 타고 있는 시간을 배우는 시간으로 만들어라. 자동차 안에 교실을 열어라."

또 한 가지 다른 방법은 근육을 키우면서 마음을 키우는 것이다. 운동을 하거나 달리기를 하면서 좋은 테이프를 들어 보라.

여기서는 반복이 핵심이다. 맥스웰 몰츠 박사는 같은 메시지를 연달아 들어 자신의 것으로 받아들이는 데에 약 21일이 걸린다는 사실을 알아냈다. 예를 들면 얼마 전에 마크가 새 차를 샀는데, 천장에 있었던 썬루프 버튼이 계기판 위에 달려 있었다. 대략 21일간 그의 잠재의식은 천장으로 손이 가게 만들었다.

최근에 잭이 새 집을 샀을 때도 그랬다. 옛날 집을 향해 반쯤 가서야 자신이 잘못된 방향으로 차를 몰고 있다는 걸 깨달았다. 그는 여러 날 동안 이런 실수를 저질렀다.

해가 바뀐 후 수표에 써넣는 연도를 바르게 쓰기 시작한 때가 언제인가? 1월 21일 경이라는 사실을 눈치챈 적 있는가? 마음의 습관을 바꾸는 데에도 그만한 시간, 즉 21일이 걸린다!

궁극적으로 당신은 자신만의 테이프를 만들고 싶을 것이다. 그러면 자신이 듣고 싶은 것은 무엇이든지 녹음해서 듣고 또 들을 수 있다. 우리 동료 가운데 하나는 직접 만든 네 개의 테이프에 잠재의식에 강한 인상을 줄 수 있는 음악을 덧입혔다. 그의 말에 의하면 결과는 환상적이라고 한다.

#가족과 함께 테이프를 들어라

세미나에서 가장 자주 듣는 질문은 '부정적인 태도를 가진 아들과 딸, 아내 혹은 남편을 위해 내가 할 수 있는 일이 무엇인가?' 이다. 그들이 차에 타고 있을 때 테이프를 틀어 어쩔 수 없이라도 듣게 만들어라.

몇 년 전에 마크의 강연을 처음 들었다는 스테이트 팜 보험회사의 판매사원 랄프 포드는 테이프 한 질을 사서 가족과 함께 차를 탈 때마다 듣기 시작했다. 가족들은 처음에는 반발했지만 결국 포기했다.

그 결과, 6개월이 지나자 그의 아내는 자신감이 넘쳤고 살이 31파운드나 빠졌다. 그의 중학교 2학년 아들은 폐에 천식이 있어서 성적이 떨어지고 있던 중이었는데, 테이프 때문에 마음속으로 그리던 자신의 모습이 변했다.

아이는 농구팀 감독에게 가서 물었다.

"내가 좋은 성적을 받으면 한 쿼터를 뛴 다음에 한 쿼터를 쉬고 또 한쿼터를 뛰게 해 주시겠어요?"

아이는 그렇게 할 수 있었고 또 그렇게 했다.

랄프의 딸 질은 11살, 키는 5피트 11인치로, 춤 수업을 받고 있었다. 그녀는 브로드웨이에서 춤을 추고 싶었다. 그러나 그녀에게 춤을 가르치는 강사의 의견은 달랐다.

"질은 키가 너무 크고 마른 데다가 몸매도 부조화스러워요."

테이프에서는 이렇게 말했다.

"어디서 나온 말이건 부정적이고 자기 파괴적인 말은 듣지 마라."

지금 그녀는 멋지고 우아한 무용수이자 모델로 활약 중이다.

랄프 자신도 테이프를 듣기 시작한 이래 수입이 두 배로 늘었음을 물론이다.

방법 5-세미나에 참석하라

우리는 우리 사무실 직원들에게 적어도 한 달에 한 번은 감명과 교훈을 주는 세미나에 참석하라고 권한다. 내면이 성장하면 그 모습이 바깥으로 드러나게 마련이다.

세미나에서 연사로 나서는 긍정적인 사고의 소유자들은 당신의 자신감을 강화시켜 주고 가능성에 대한 당신의 생각에 힘을 실어 준다. 살아가면서 겪는 경험들은 긍정적인 생각을 무시하고 뿌리 뽑으며, 당신을 억눌러 현상 유지의 상태로 돌아가게 만드는 경향이 있다. 하지만 세미나는 일상의 평범한 수준을 뛰어넘도록 당신을 다시 끌어올린다.

> 잠재의식은 믿음의 법칙에 기초하여 움직인다.
> 당신이 정말로 해야 한다고 믿는 것은 무엇이든지 하라.
> 그리고 그것을 믿어라. 그러면 이루어진다.

세미나가 가진 가장 큰 장점은 교육 여건이다. 대학교 수업이 넓은 의미의 세미나가 아니고 무엇인가?

우리는 언제나 대학생들에게 강의 시간에 대해 생각해 보라고 권한다. 그 시간은 어쩌면 그들의 학업 이력에서 가장 생산적인 시간이다.

우리는 또 학생들에게 과목에 따라 강의를 선택하지 말고 누가 가르치느냐에 따라 택하라고 말한다. 가르치는 데 뛰어난 사람들은 그것이 학교가 됐든 공식 세미나 자리가 됐든 훌륭한 결과를 낳는다. 탁월한 영감을 불어넣어 주는 강연자와 선생님을 찾아 그 밑에서 배워라.

방법 6-나쁜 TV 프로그램의 영향에서 벗어나라

평균적인 미국 가정에서 텔레비전을 켜 놓는 시간은 하루에 약 7.2시간이다. 아이들이 텔레비전을 보며 지내는 시간이 교실에서 보내는 시간보다 두 시간이나 더 많다. 텔레비전은 아이들과 당신의 마음속에서 진짜 선생님이 되어 버렸다.

당신은 자신과 아이들의 보호자로서 이렇게 물어야 한다.

"지금 내가 보려는 프로그램이나 아이들을 보게 하려는 프로그램이 본받거나 배우고 싶은 행동을 가르치고 보여 주는가?"

그러면 당신은 정말로 그 프로그램을 보고 싶어 하는 것인가? 우리는 텔레비전 시청 시간과 질을 선택하고 제한하라고 권한다. 텔레비전이 본질적으로 나쁜 것은 아니다. 남용되고 오용되기 때문에 나쁘다. 여기에 도움이 될 수 있는 몇 가지 방법을 적는다.

1. 텔레비전 '금지령'을 내린다.

일주일 내내 텔레비전을 꺼 둔다. 가족 가운데 누구도 텔레비전을 보지 못하게 한다. 우리의 한 친구는 집에 잇는 일곱 대의 텔레비전을 차고에 넣어 버렸다. 대신에 가족 모두가 모이기도 하고 손님을 초대할 수도 있는 하룻밤의 '가족 시간'을 만들었다. 대화와 놀이, 그리고 상호교류가 원칙이었다. 가족들은 즐거워했고 이후 십 년 동안 형식을 바꿔가며 계속적으로 그 시간을 가졌다. 그들은 이제 일주일에 하룻밤만 텔레비전을 본다.

2. 프로그램 안내를 먼저 살펴본다.

그냥 무엇을 하고 있나 보려고 텔레비전을 켜지 마라. 미리 유익

한 프로그램들을 확인해서 표시해 두어라. 그러고 나서 반드시 제시간에 그 프로그램을 보든지 아니면 비디오에 녹화를 한다. 계획된 시청이 더 나은 시청 방법이다.

3. 비디오테이프를 빌려 보라.

습관적으로 모든 방송 프로그램을 보려고 하지 마라. 대개의 방송 프로그램과 시트콤은 가장 저급한 수준에 맞춰져 있다. 대신에 감동적이고 교육적인 프로그램들, 그리고 세계적인 수준의 극 프로그램들을 빌려 보라. 이렇게 하면 텔레비전 앞에서 보내는 시간을 아주 유용하게 쓸 수 있다.

4. 위성방송 안테나 구입을 고려하라.

무단 시청 방지 노력에도 불구하고 글을 쓰고 있는 이 시점을 기준으로 볼 때 미국에서 시청 가능한 채널은 거의 백여 개에 이른다. 그 가운데 많은 채널이 재미있고 교육적이다. 그리고 대부분이 케이블 채널보다 훨씬 낫다. 직접 위성 수신 방송은 모두에게 더 많은 선택권을 제공한다.

마음의 힘을 낭비하지 마라

마음은 우주에서 가장 강력한 도구이다. 별에 닿아 별을 만질 수도 있고 바다의 깊이를 잴 수도 있다. 또 미시적 현상과 거시적 현상을 개념화할 수도 있다.

마음의 진정한 가치를 알 수 있는 가장 좋은 방법은 마음을 사용할 수 없을 때 삶이 어떨 것인가를 깨닫는 것이다. 나오미 로드는 중국 여행 중에 만났던 사람의 얘기를 들려준다.

그 사람은 프렌드십 스토어^{Friendship Store}에서 일하는 중국 시민이었다. 나오미는 기념품을 사고 있었는데, 그가 유창한 영어를 하는 걸 보고 깜짝 놀랐다. 그는 나오미에게 최근에 어디에 가 보았냐고 물었다. 그녀는 만리장성에 가 봤다고 대답하고는 그에게 마지막으로 만리장성을 보러 간 때가 언제인지 물었다.

"휴우, 난 만리장성을 본 적도 없고 볼 수도 없답니다."

그는 자신이 석사 학위에 해당하는 학력을 가졌지만 가게 점원 일을 지정받았다고 설명했다. 그는 하루에 8시간 일해야 했고 한 달에 하루 밖에 쉬지 못했다. 여행은 꿈도 꿀 수 없었다.

나오미가 물었다.

"당신이 가진 제일 큰 꿈은 뭐죠?"

그가 곧장 대답했다.

"기회의 땅인 미국에서 사는 겁니다."

"왜죠?"

"미국에서는 하고 싶은 일을, 하고 싶은 때에, 같이 하고 싶은 사람과, 하고 싶은 만큼 할 수 있으니까요."

미국에서는 마음을 키우고 채우기가 쉽다. 너무 쉽기 때문에 그것을 당연하게 여기고 귀중한 기회들을 낭비한다. 당신에게는 놀랍고도 반짝이는 마음이 있다. 그 마음은 우주의 경이이다. 마음을 사용하고 발전시켜라.

제12장

영적인 자아를
깨워라

다른 사람들의 집에 가면 종종 '첫째는 하나님, 그 다음은 가족, 그 다음은 일' 이라고 적혀 있는 액자를 볼 수 있다. 그러나 그것은 틀렸다. 세 가지 모두 우선시되어야 한다.

사람은 영적인 우주에 사는 영적인 존재이다. 영성은 가족과 일, 그리고 당신의 삶 곳곳에 스며들어 있다. 영성을 인정하고 그에 협력할지, 아니면 영성을 거부하고 영성이 당신을 거스르게 할지는 당신이 선택할 몫이다.

영적인 세계

우리는 일, 돈, 건강 등 삶의 다양한 영역에 대해 이야기할 때 모든 사람들이 인정하는 용어들을 쓴다. 하지만 영성이라는 말에 이르면 종종 의견이 분분하다. 분명 많은 독자들은 궁금해할 것이다. 마크와 잭이 말하는 '영성'이란 무엇일까?

샌프란시스코에 있는 유명한 페어몬트 호텔 스위트룸에서 거주하던 여자가 떠오른다. 체류 비용이 천문학적이었던 그녀는 자신에게 그 돈을 쓰는 것이 죄스러웠다.

어느 날 그녀는 호텔 밖을 나서다가 볼품없는 부랑자가 비틀거리며 걷고 있는 모습을 보고 마음이 움직였다. 그녀는 그에게 백 달러짜리 지폐 한 장을 손에 쥐여주며 말했다.

"복받으세요, 아저씨."

얼마간의 시간이 지난 후 그녀가 호텔에서 나오는데, 옷을 잘 차려입고 깨끗하게 면도한 남자가 다가와 그녀에게 백 달러짜리 지폐 5장을 건네며 말했다.

"복이 다섯 배로 굴러 들어왔습니다!"

이것은 한 사람의 영성이 다른 사람에게 경주마 같은 힘이 되었음을 보여 주는 예이다. 한 발짝 더 나아가기 전에 영성을 정의해 보자.

우리가 말하는 영성은 마음이나 지성 이상의 것을 포함한다. 바로 영혼이다. 우리가 어떤 영적인 일을 할 때에는 영혼으로부터 우러나와 그 일을 한다.

하지만 부탁건대 우리가 영적인 문제에 대해 얘기한다고 해서 종교적인 교리를 말한다고 오해하지는 말라. 종교가 영적인 문제를 언급하는 것은 사실이지만 영적인 문제는 세속의 차원으로도 얘기할 수 있다.

자신의 영성을 깨워라

각각의 사람에게는 영적인 면이 있다. 하지만 그것을 찾는 과정은 때때로 길고 힘들 수도 있다. 예를 들면, 벅민스터 플러는 가장 암울한 순간이 닥칠 때까지 자신의 영성을 깨닫지 못 했다.

딸 하나가 죽고 사업은 실패했다. 자신은 지식인 사회에서 쫓겨났고 멍청한 '양키 땜장이'로 여겨졌다. 그는 미시간 호에 몸을 던져 그 모든 삶을 끝장내기로 결심했다. 자살할 준비를 한 채 벼랑 끝에 선 그는 자신에게 물었다.

'신은 존재할까? 내게 인생의 목적이 있었나?'

직관적으로, 그리고 자연발생적으로 대답이 돌아왔다.

'우주에는 지성을 지닌 존재가 있다. 그리고 네가 할 일은 지구라는 우주선 위에 사는 인간의 포괄적인 행복에 헌신하는 것이다.'

자살할 생각은 사라졌다. 그는 이제 충분한 목적을 가지고 있고, 이를 위해 앞으로 나아갈 것이었다. 그는 그날 이후로 멈추거나 흔들리는 법이 없었다.

마크의 영적 자각도 오랜 시간이 지난 후 생겨났다. 그의 자각은 어린 시절에 믿었던 종교에서 비롯된 것이 아니었다.

그의 가족은 중서부에 있는 정교회에 나갔는데, 설교 시간이면 사람들이 모두 졸고 있는 것 같았다. 반사적으로 그는 종교는 사람들을 재운다는 생각을 했다. 마크는 이렇게 회고한다.

나를 포함한 친구들은 교회가 '이것도 하지 마라. 저것도 하지 마라' 식으로 가르친다는 생각을 공통적으로 갖고 있었다. 그 결과 우리의 경험은 본질적으로 부정적이고 불만족스러웠다. 친구들은 그런 생활에 말려들 필요가 없다고 애당초 의견의 일치를 봤다.

하지만 내가 파산한 직후, 두 친구가 맨해튼의 유명한 마블 콜리지 에이트 교회로 노만 빈센트 필 목사님의 설교를 들으러 가자고 했다. 그것은 내게 힘과 용기를 주는 경험이었다.

필 목사님은 '사람들을 사랑으로 이끌어 천국으로 데려가고' 싶어 했다. 그는 성도들에게 영적인 비타민을 먹이고 있었고 열정을 불어넣어 힘찬 생명력을 전해 주고 있었다. 그의 설교는 당시에 내가 필사적으로 메우려고 했던 영적인 공허를 깨닫게 했다.

다음번에 두 친구는 나와 점심을 먹으면서 뉴욕의 워싱턴 하이츠에 있는 아이크 목사님을 재미 삼아 만나 보자고 했다.

아이크는 소위 흑인 '돈쟁이 목사' 로 "나는 흑인이 편할 때는 흑인이다. 나머지 시간은 초록색 인간이다" 라고 말하곤 했다. 오후 예배에 참석하기 위해 교회에 도착했을 때, 나는 운전사가 딸린 우아한 리무진 여러 대가 성도들을 계속해서 데려오는 것을 보고 깜짝 놀랐다. 건물 안으로 들어가 보니 주위는 사치스러운 분위기와 경건한 분위기가 기묘하게 섞여 있었다.

5천 명의 사람들이 그의 '화목 궁전'을 넘치도록 메우고 있었다. 대부분이 흑인인 그 교회에 우리는 처음으로 방문한 세 명의 백인이었다. 사람들은 우리를 반기며 안고 입을 맞추는 등 기쁘게 환영해 주었다.

내가 며칠 전에 파산했다는 사실을 아는 사람도 없었고 상관하는 사람도 없었다. 모두가 서로를 영적으로 알고 있으며 성장하고 있다는 느낌이 들었다.

아이크 목사는 설교 중에 내 영혼의 점화 플러그에 불을 붙였다. 그는 내게 흥미진진한 새로운 통찰력을 제공했다. 내 마음과 혼과 영이 파산이라는 현실에 노예처럼 묶여 있음을 깨닫게 한 것이다. 나는 영적으로 그리고 경제적으로 자유롭고 싶었다. 아이크 목사는 이렇게 말했다.

"하나님은 부자입니다. 그분은 우주와 그 안의 모든 것을 지었습니다. 하나님은 무한합니다. 당신 안에 하나님이 계시므로 당신은 무한한 창조적 능력을 가지고 있습니다."

와! 나는 내 속에서 영혼이 움직이고 있다는 것을 느낄 수 있었다 (이것은 느껴지는 것이다). 내 영성이 처음으로 깨어나고 있었고 나는 영적인 사람이 되어 가는 중이었다.

잭의 영적 자각은 서부 매사추세츠에서 요가 수업을 받는 중에 일어났다. 그는 이렇게 회고한다.

나는 고등학교 때 교회에 무척 빠져 있었다. 가족 전부가 교회에 나갔다. 하지만 나는 교회 장로들이 속 좁게도 서로를 비방하는 모습에 많은 실망을 느꼈다. 하나님은 사랑이신데, 장로들이 어떻게 가톨릭이 나쁘다고 할 수 있나? 하나님은 웅장한 생각을 품은 분이지만 교회는 너무나 속이 좁았다.

나는 어린이 성가대에서 노래할 때의 느낌을 좋아했다. 우리에게 성령이 임재하시는 것 같았기 때문이다. 하지만 어찌 됐든 내게 교회는 속 좁고 시시한 곳이었다.

하버드 대학에 다닐 때 버트란드 러셀의 책을 읽고서 나는 내가 불가지론 자임을 깨달았다. 나는 하나님이 존재하는지에 대한 확신이 없었다.

그러나 매사추세츠 대학원에서 요가 수업을 받으면서는 마음이 좀 더 편안해졌다.

어느 날 나는 요가 수업 중에 하나님에 대한 직접적인 경험을 하게 되었다. 강사가 명상을 하게 했는데, 그때 나는 한치의 의심도 없이 하나님이 존재하며 살아 있는 모든 존재 안에 임하신다는 것을 깨달았다. 그리고 이후 4시간 동안 지속적인 환희와 기쁨 속에 사로잡혔다.

이후에도 이와 비슷한 경험을 하면서 나는 하나님을 더 깊고 확실하게 이해하게 되었다. 우리는 모두 한 영혼이며 하나님은 사랑이시라는 지식이 내 모든 행동을 이끌었다.

나는 현재 내게 필요한 것을 보다 많이 배려해 주는 교회에 속해 있다. 거기에는 백인, 흑인, 라틴 아메리카인, 아시아인들의 다양한 문화가 섞여 있고, 모두들 강한 개성을 가지고 독특한 영적 재능을 발휘하고 있다.

흑인 침례교 찬송가, 마음을 깊이 관통하는 명상의 시간, 가족 같은 사랑, 예수의 지혜 그리고 사랑의 영이 예배 때마다 넘치는데, 내가 추구하는 영적 경험의 모든 측면들이 강력하게 혼합되어 있다 하겠다.

영적인 필요를 채워라

사람들은 모두 영성을 가지고 있지만 그것이 있다는 것과 나타나는 방법은 상당히 다를 수 있다. 우리는 우리가 아주 잘 알고 있는 세 사람, 즉 벅민스터 풀러와 우리 두 사람의 경우를 예로 들어 그것을 보여 주었다. 당신의 경우에는 또 다를 수가 있다.

잭의 경험과는 사뭇 다르지만 당신의 영적 자각과 목적도 마크와 벅민스터 풀러의 경우처럼 어떤 외상적인 경험 때문에 생겨날 수 있다. 이것은 〈부활Resurrection〉이라는 영화에서 가장 극적으로 묘사되었다.

노동자 남편을 끔찍이 사랑하는 여인 역의 앨렌 버스틴은 남편 모르게 시간제 일을 해서 남편이 꿈에도 그리는 빨간 스포츠카를 산다. 그리고 그가 일터에 갈 때 차를 보여 준다. 남편은 그 선물에 기뻐서 어쩔 줄 모른다. 그들은 즉시 차에 올라타서 집 밖으로 몰고 간다. 그들이 캘리포니아 언덕의 후미진 곳을 질주하고 있을 때 갑자기 스케이트보드를 탄 아이가 그들 앞에 나타난다. 그들은 아이를 피하려다 길을 벗어나게 되고 높고 가파른 벼랑으로 떨어져 바닷속에 빠진다. 분명 죽어 버린 것 같다.

다음 장면은 의사들이 앨렌 버스틴의 목숨을 구하기 위해 애쓰는 모습이다. 한 의사가 말한다.

"그녀는 살 수 없을 거야."

전기 충격 요법을 써서 마침내 목숨은 건졌지만 의사들은 그녀에게 다시는 걷지 못할 것이라 얘기한다. 그런데 놀라운 영적 변모가 일어난다. 그녀 스스로 치유되어 걸을 수 있게 된 것이다. 그러고 나서 그녀는 다른 사람들을 치유하기 시작한다. 사람들이 그녀에게 몰려든다. 캘리포니아 주립대에서는 그녀의 치유 능력을 과학적으로 연구한다. 사람들은 그녀의 능력을 믿지만 이해하지 못한다. 하지만 그녀는 자신의 영성이 자신에게 새로운 치유 능력을 주었음을 알게 된다.

이렇게 극적인 영적 자각을 겪는 사람은 그리 많지 않다. 사람들은 대개 인생의 어느 지점에서 일종의 고차원적인 의식 경험을 하고 나서 삶의 가장 중요한 단계로 나아간다.

이렇게 영적 자각은 일종의 외상 경험이 불러일으킬 수 있다. 또는 장애에서 비롯될 수도 있는데, 스티비 원더와 레이 찰스의 삶이 이를 극적으로 보여 준다. 이들은 자신의 시력을 잃어버린 후 더 분명하게 볼 수 있는 '내면의 눈'을 얻었다. 그리하여 그들의 심오한 음악을 나누어 줄 수 있다.

신체장애자들이 모여 치르는 장애인 올림픽을 보면 영성이 눈에 닿을 듯 밀려온다.

제일 선두에서 뛰고 있는 아이가 넘어지면 함께 뛰던 아이들은 지나쳐서 달려가 버리는 대신 뛰는 걸 멈추고 넘어진 아이를 일으켜 세워 그 아이가 이길 수 있을 만큼 앞으로 내보낸다. 장애인 올림픽에 가 본 적이 없다면 한번 가 보기를 진심으로 바란다. 당신은 그 행사에서 넘쳐나는 용기와 사랑, 관용의 정신에 감동받지 않을 수 없을 것이다.

영성이 깨어나는 일은 환경에 절대로 구애받지 않는 미래의 위대함이 드러날 전조이다. 이런 사실은 알버트 아인슈타인, 에이브러햄 링컨, 랄프 왈도 에머슨, 마틴 루터 킹 목사, 테레사 수녀 그리고 그 외 다른 수천 명의 위대한 지도자들에게서 볼 수 있다.

이들 각자는 영적으로 깨어났음을 느꼈고, 자신이 우주 안에서 영적으로 움직이는 더 큰 힘의 인도를 받고 있음을 믿었다. 그리고 그 힘을 촉발시켜 자신의 일을 성취할 수 있음을 느꼈다. 당신과 나에게도 이와 똑같은 힘이 존재한다. 그 힘은 우리가 눈 뜨기를 기다리고 있다.

꿈을 도둑맞은 사람들에게

영성을 깨우기 위한 기법

당신의 영성을 깨우기 위한 방법으로는 다음과 같은 것들이 있다. 이것은 매우 간단하지만 삶의 모든 측면에 조화와 균형을 가져다준다.

1. 매 끼니마다 두 손을 모으고 마음에서 우러나오는 감사 기도를 드린다.

먹는 음식에 감사를 표하는 일은 영혼을 고양시키고 식사를 더 맛나게 한다. 우리는 북 캐롤라이나 출신의 친구 밥 고어에게서 배운 방법을 추천한다. 밥의 말이다.

"손바닥이 마주 보게 그릇 양편에 올려놓고 마음속으로 흰색 광선 에너지를 쏘아 음식을 통과시킨다. 정신적으로 그리고 영적으로 '내면의 지혜'에게 안전하고 건강하며 영양이 풍부한 음식만을 먹고 싶다고 알려라."

우리는 이런 과정이 소화불량이나 식중독을 피하도록 도와줄 뿐만 아니라 영적으로도 힘을 준다고 믿는다.

하나님께 감사하고 또 음식을 먹을 수 있도록 헌신한 모든 사람들에게 감사하라. 곡식을 키운 농부, 가공한 사람들, 운반한 사람들 그리고 식사 준비를 한 사람에게 감사하라.

가끔 특별히 감사를 느낄 때에는 땅에 적당한 공기구멍을 만들어 씨앗을 큰 식물로 자랄 수 있도록 도와준 벌레조차 칭찬한다. 우리는 감사야말로 가장 수준 높은 영적 원리 가운데 하나라고 믿는다.

2. 삶의 영적인 목적을 찾으려고 노력하라.

우리는 이미 이 책에서 여러 번 목적에 관해 이야기했다. 하지만 일단 삶의 목적을 찾고 나면 영적인 빛깔로 그것을 물들이는 일이 중요하다. 당신의 목적이 성취 가능할 뿐만 아니라 성취할 가치도 있는 것이라면, 분명 인간에게 봉사하는 일이며 영적인 특성을 갖고 있을 것이다. 자기만을 위한 목적은 자기 파괴적이다.

> 사해The Dead Sea는 바닷물이 들어오기만 하고
> 나가지 않는 탓에 죽어 있다. 마치 변이 뭉쳐 변비 상태에
> 있는 것과 같다 하겠다. 삶의 커다란 법칙 가운데에는
> 순환의 법칙이 있다. 순환을 잘 유지하라.
> 그러면 계속해서 좋은 상태를 유지할 것이다.

우리는 영적인 목적을 구하는 일이 호스피스 운동으로 이어졌다고 믿는다. 이 운동은 아무도 홀로 죽어서는 안 된다는 믿음 위에서 생겨났다.

호스피스를 통해 사랑하는 사람이 육체적 삶을 벗어나는 길에서 당신의 손을 잡을 수 있도록 해 줄 수 있다. 호스피스 운동은 죽음이 삶의 연장이라는 사실을 인정한다. 이것이 본질적으로 영적인 믿음이라 하겠다.

맬빈 모스 박사는 『빛에 더 가까이Closer to the Light』라는 책에서 죽음에 가까이 다가갔던 아이들에 대해 쓰고 있다. 이 아이들은 혼수상태에 있거나 짧은 순간이지만 임상적으로 죽었다고 판단되었다가 다시 살아났다. 이들은 각각 다른 세상의 '빛'을 보았다고 보고되었다. 직접적으로 영혼의 세계를 본 것이다.

우리가 가장 흥미롭게 생각하는 것은 모스 박사의 결론이다.

"가족 중 한 사람의 죽음은 남아 있는 사람에게 중요한 영적 통과의식의 경험을 준다. 그 사람이 죽어 가면서 '빛'을 경험할 때 모여 있

는 모든 사람이 같은 경험을 나누게 되기 때문이다. 이것은 정말로 영적 실제가 있다는 믿음을 확신케 한다."

불행히도 환자가 모르핀이나 데메롤 같은 약에 취해 있으면 미묘한 지각 체계 마비되어서 죽어 가는 사람이나 가족 구성원들이 이 중요한 영적 깨달음을 얻지 못한다고 한다. 얼마나 안타까운 일인가! 그래서 우리는 호스피스 운동을 굳게 지지한다.

3. 삶과 죽음에 대한 영적인 이해도를 높여라.

사람이 죽으면 다른 단계의 삶으로 이행한다는 것이 우리의 믿음이다. 우리는 이를 전적으로 확신하며 그 사실에서 힘을 얻는다. 당신에게 그런 믿음이 없다면 당신의 영적인 삶에 텅 빈자리, 진공의 공간이 생겨서 당신의 에너지를 끊임없이 빨아갈 것이다. 그 문제를 해결하면 죽음의 공포에서 풀려나 삶을 사랑하는 일에 최선을 다할 수 있다.

4. 당신의 영적 성장을 촉진시켜 줄 수 있는 목사, 신부, 랍비, 혹은 다른 스승을 찾아라.

우리가 만났던 사람들 가운데 진정으로 위대한 사람들한테는 누구나 할 것 없이 그들의 정신을 고양시켜 주는 영적 스승들이 있었다. 벅민스터 풀러는 알버트 아인슈타인을 만났을 때 그가 '밝게 빛났다'고 했다.

"얼굴 표정에서 빛이 흘러나왔습니다. 그는 자신의 주파수를 우주와 신에게 아주 깊숙이 맞추고 있었습니다."

그래서 알버트 아인슈타인이 위대한 선생인 것이다.

영적인 스승을 고를 때에는 자신의 감정 특성이 스승과 일치되어야 한다. 서로 다른 수준의 감정을 바탕으로 대화를 하면 메시지와는 상관없이 혼란에 빠진다.

5. 영적인 일을 하라.

영적인 일은 긴급하고 개인적일 수도 있고 크게 봐서 사회적일 수도 있다. 당신이 할 수 있는 일 가운데 긴급하면서도 개인적으로 할 수 있는 일은 헌 옷이나 입지 않는 옷을 전부 자선단체에 기증하는 것이다. 그렇게 하면 자신의 풍족한 삶에 감사를 느낄 것이다.(그리고 기증한 옷 값을 소득세에서 공제받을 수 있다.)

사회적인 맥락에서 영적인 일을 하면 자신과 다른 사람들에게 놀라운 결과를 가져오기도 한다. 그런 곳 가운데 하나가 '소원을 들어 주는 재단Make a Wish Foundation'이다.

그들은 불치병에 걸린 아이들의 소원을 들어 주는 일을 돕는다. 당신도 여건에 따라 그 비슷한 일을 할 수 있다.

다음은 애리조나주 피닉스에 사는 한 젊은 엄마와 그녀의 일곱 살 난 아들 밥시에게 일어난 가슴 아픈 실화이다.

밥시는 불치병 말기 환자였다. 그의 엄마는 밥시에게 다가가 평온하게 물었다.

"누가 네 소원 한 가지를 들어 준다면 무엇을 빌고 싶니?"

"소방관이 되고 싶어요."

그녀는 아들의 소원을 꼭 들어 주고 싶은 마음에 지역 소방서장을 찾아갔다. 그는 마음이 넓고 사랑과 동정심이 많은 사람이었다.

"내일 아침 7시에 밥시를 준비시켜 주십시오. 우리가 사다리 소방차를 타고 밥시를 데리러 가겠습니다. 밥시는 1일 소방대장이 되는 겁니다. 아이의 치수를 가르쳐 주시면 헬멧과 방화복, 그리고 방화용 신발도 만들겠습니다."

밥시는 며칠 뒤에 실제 화재 현장에도 세 번이나 나갔다. 그 결과 밥시는 의사들의 예상을 뒤엎고 3개월을 더 살았다. 밥시가 죽던 날, 그 아이를 담당하는 수간호사는 모니터의 생명 신호가 약해지고 있음을 확인하고 소방서장에게 전화를 걸었다. 밥시가 더 이상 살지 못할 것 같다며, 죽을 때 사랑하는 사람들이 함께 있으면 그래도 더 낫지 않겠느냐고 물었다.

"서장님, 밥시가 숨을 거둘 때 고통을 덜어 주면서 오히려 기쁘게 해줄 수 있는 길이 없을까요?"

서장이 말했다.

"물론 있습니다. 밥시에게 기다리라고 하십시오. 5분 안에 그리로 가겠습니다. 다른 환자들에겐 사이렌 소리가 들리고 소방차 불빛이 번쩍거리더라도 걱정 말라고 하십시오. 병원에 불이 난 게 아니라고 말입니다. 우리는 마지막으로 밥시를 보러 갈 겁니다. 그리고 밥시가 있는 3층 방 창문을 열어 놓으십시오. 사다리차 차를 타고 올라갈 테니까요."

14명의 남녀 소방수들이 사다리를 타고 올라가 밥시의 방에 들어갔다. 모두들 눈물이 맺힌 채 그를 안아 주고, 따듯한 말을 건네고, 쓰다듬으며 함께 있어 주었다. 밥시는 마지막으로 그들을 올려다보며 말했다.

"나도 이제 진짜 소방관 맞죠?"

서장은 눈물을 닦으며 대답했다.

"그럼, 밥시야."

곧 밥시는 숨을 거두었다.

이 극적인 이야기로 마지막 장을 마무리하는 이유는 모든 사람들의 내면에는 영적 소원을 이루고 싶어 하는 '아이'가 있기 때문이다. 당신도 자신의 내면에 있는 꼬마 아이의 소원을 이루어 주면서 남은 인생을 살기 바란다.

두려워하지 말고
성공하라

우리가 이 책을 쓴 목적은 당신이 보다 풍부하고, 보다 나은 삶을 향해 나아가게 하기 위해서다. 또 당신이 원하기만 하면 풍요로운 삶을 얻을 수 있다는 사실을 보여 주고 싶었다. 당신이 따랐으면 하고 바라는 단 하나의 진리는 '사람에 대한 사고방식을 바꾸면 삶도 바꿀 수 있다'는 것이다.

무엇이든 이루고 싶은 것을 당신의 의식 속에 담아라. 그러면 당신의 잠재의식이 당신을 대신해서 나머지를 책임질 것이다. 목표를 적고, 시각화하고, 자기 확신을 가져라. 이 세 가지 열쇠를 사용하여 의식을 해방 시키고 올바른 방향으로 나아가게 하라. '목적'을 제시한 뒤에 '내면의 지혜'가 당신 안의 위대함을 이끌어내어 '방법'을 제공하는 모습을 보라.

자, 이제 마지막으로 당신에게 진정한 대스타 가운데 한 사람인 마키 타 앤드루스의 감동적인 이야기를 들려주겠다.

마키 타는 어려운 환경에서 자란 소녀였다. 아버지는 집을 나갔고, 어머니는 마키 타를 부양하기 위해 식당 종업원으로 일했다. 마키 타의 어머니는 마키 타가 대학에 갈 수 있도록 저금하고 있다고 말했다. 또 집에 여행 사진들을 보관해 놓고 세계 일주 여행을 꿈꾸며 돈을 모으고 있었다.

마키 타는 그 얘기를 듣고 이 꿈들을 현실로 만들기 위해 무엇을 할 수 있고 무엇을 할 것인지 생각했다. 그러나 마키 타는 꼬마 소녀일 뿐이었다. 그 작은 아이가 무엇을 할 수 있겠는가? 걸스카우트 단원이었던 마키 타는 걸스카우트 과자를 팔아 캠프 여행에 갈 수 있다는 글을 우연히 읽게 되었다. 그녀는 과자를 많이 팔면 자신과 엄마가 세계 일주 여행을 떠날 수도 있겠다고 생각했다.

마키 타가 걸스카우트 과자를 팔고 싶어 했을까? 그렇지 않다.

여행을 가고 싶어 했을까? 두말하면 잔소리다!

마키 타는 걸스카우트 과자를 그 누구보다도 많이 팔겠다고 적었다. 그리고 그것을 시각화하고 꿈꿨다. 이모 앞에서 그 일을 해낼 거라고 확신에 차서 말했고 이모는 마키 타에게 좋은 충고를 해 주었다.

"돈 있는 사람들이 있는 곳에 가서 과자를 사 달라고 부탁하렴."

마키 타는 오후 4시 30분부터 6시 30분까지 뉴욕의 아파트 건물 로비에 서 있다가 과자를 살 것 같은 사람들에게 미소를 지으며 다가가 공손하고 친절하게 말했다.

"저는 돈을 벌어서 캠프 여행을 가려고 해요. 걸스카우트 과자 한 통이나 두 통에 투자해 주시겠어요?"

마키 타는 5년 동안 4만 2천 통의 걸스카우트 과자를 팔았다. 그리고 그녀는 어머니와 함께 세계 일주 여행을 떠났다.

마침내 그녀의 명성이 자자해졌다. IBM사는 그녀에게 판매사원들을 대상으로 한 강연을 부탁했다. 그녀는 또 보험회사의 '백만 달러 원탁 회의'에서도 강연을 했는데, 거기에 참석한 5천 명의 생명보험 영업사원들에게도 과자 한 통씩을 팔았다!(그들은 하나같이 최고 실력을 갖춘 사람들이었다.)

그녀의 솜씨가 너무 놀라워서 월트 디즈니 프로덕션에서는 〈과자아이The Cookie Kid〉라는 영화를 만들기도 했다. 그녀의 책『모든 것을 더 많이 파는 법How to Sell More Cookies, Condos, Cadillacs, Computers...And Everything Else』은 전국적인 베스트셀러가 되었다.

놀라운 결과다. 이 모든 일을 과자 파는 작은 소녀가 이루어 낸 것이다. 당신도 이런 놀라운 일을 해낼 수 있다! 우리는 당신이 할 수 있다고 믿는다. 그리고 당신 자신도 할 수 있다고 믿는다. 자, 무얼 더 기다리겠는가?

두려워하지 말고 성공하라!

꿈을 잃어버린
당신에게

초판 1쇄 인쇄 2018년 2월 5일
초판 1쇄 발행 2018년 2월 28일

지은이 잭캔필드 · 마크 빅터 한센
옮긴이 김재홍
펴낸이 우세웅
기획총괄 우민
책임편집 이지현
홍보 · 마케팅 정우진 · 신이원 · 송여울
북디자인 신은경

펴낸곳 슬로디미디어그룹
출판등록 제25100-2017-000035호
신고년월일 2017년 6월 13일
주소 서울시 서대문구 불광천길 116, 2층(북가좌동)203호
전화 02) 493-7780
팩스 0303) 3442-7780
전자우편 wsw2525@gmail.com(원고 투고)
홈페이지 http://slodymedia.modoo.at
블로그 http://slodymedia.xyz/
페이스북 · 인스타그램 slodymedia

ISBN 979-11-88977-00-0 13190

이 도서의 국립중앙도서관 출판예정도서목록(CIP)은 서지정보유통지원시스템
홈페이지(http://seoji.nl.go.kr)와 국가자료공동목록시스템(http://www.
nl.go.kr/kolisnet)에서 이용하실 수 있습니다.
(CIP제어번호 : CIP2018002857)